¿No desearías haber aprendido hace  cuidadosa y honorable? Con sus expe la Palabra de Dios como su mapa de valioso para guiar a la persona adicta sofocada por la miseria.

—CHRYSTAL EVANS HURST, autora exitosa y conferencista

Karen ofrece maneras de poner en perspectiva tus tendencias a agradar a los demás para que puedas experimentar la libertad y la felicidad que mereces. Este libro es una gran guía para ayudarte a liberarte de los patrones tóxicos de la complacencia a riesgo de perderte a ti misma.

—REBEKAH LYONS, autora exitosa de
Rhythms of Renewal y *You Are Free*

Le estoy muy agradecida a Karen Ehman por escribir un libro sobre un tema tan necesario como la complacencia. Como alguien que ha luchado con la miseria, la ansiedad y el estrés por lo que la gente piensa de mí, constantemente necesito recordatorios sobre la verdad de que no es mi trabajo ganarme la aprobación de otros, sino honrar al Señor con mi vida.

—CRYSTAL PAINE, autora exitosa del *New York Times*, creadora
de pódcast y fundadora de MoneySavingMom.com

Los libros de Karen Ehman son siempre prácticos, útiles y basados firmemente en la Escritura. Este es todo eso y más. Profundizando en su propio corazón complaciente, Karen extrae gemas invaluables que brillan con la verdad. Y, al igual que los diamantes, esas duras verdades atraviesan nuestra resistencia al cambio, ayudándonos a enfocarnos en agradar a Dios en lugar de a las personas. Su mejor libro hasta ahora.

—LIZ CURTIS HIGGS, autora exitosa de *The Girl's Still Got It*

¡Si el ser complaciente que hay en ti está permitiendo que te desmorones, este libro te reedificará! En el nuevo libro de Karen Ehman, encontrarás las buenas nuevas de nuestra aprobación por parte de Dios en Cristo, una aprobación que te permitirá amar a los demás de una manera oportuna, profunda y libre.

—DR. PATRICK SCHWENK, pastor, copresentador del pódcast
Rootlike Faith y coautor de *In a Boat in the Middle of a Lake*

¡Este libro debería ser de lectura obligatoria para todas las mujeres! Karen es experta en pasar de los principios bíblicos a la aplicación práctica, y no deja ningún área de la trampa de la complacencia sin tocar dentro de estas páginas. Prepárate para una conversación seria que quizás ni te hayas dado cuenta de que necesitas tener.

—MICHELLE MYERS, fundadora de She Works HIS Way

En el primer capítulo sentí que Karen estaba dentro de mi cabeza: ¿cómo conoce mis pensamientos? Cualquiera que luche con la complacencia y la adicción a la aprobación se sentirá identificada con este libro; y no solo identificada, sino que además será guiada más cerca de Cristo: nuestro Salvador y nuestro principal Aprobador.

—PHYLICIA MASONHEIMER, fundadora y
directora de Every Woman a Theologian

A través de historias penetrantes, teología sólida y consejos prácticos, Karen ofrece discernimiento y una vulnerabilidad refrescante. Te reirás. Quedarás sin aliento. Y a medida que transites *con ella* el proceso de exponer esta conducta complaciente, te alegrarás al encontrar un camino a seguir. ¡Que este libro esperanzador te ayude a reemplazar la miseria innecesaria con la aceptación ilimitada de Dios!

—JUSTIN DETMERS, PhD, pastor de *Riverview
Church, REO Town Venue*

Este libro me dejó sintiéndome condenada en el buen sentido. Karen te da herramientas, respaldadas por la Escritura, para dejar de vivir tu vida a merced de otros, de modo que puedas empezar a construir una vida que agrade a Dios. Te enseñará cómo decir no con confianza, para que puedas disfrutar una vida menos estresada y más realizada a largo plazo.

—AMBER EMILY SMITH, esposa del artista de música *country*
Granger Smith, madre, actriz, filántropa e influyente

En estas páginas, Ehman utiliza conocimientos de la Palabra de Dios para señalar con precisión por qué luchamos con la complacencia, además de proporcionar pasos simples para vivir libremente. Si no puedes dejar de anhelar la aprobación, este libro tiene buenas noticias para ti.

—SHARON HODDE MILLER, autora de *Nice: Why We
Love to Be Liked y How God Calls Us to More*

Cuando hacer *felices* a los demás te hace sentir *miserable*

AUTORA *BEST SELLER* DEL *NEW YORK TIMES*

KAREN EHMAN

Cuando hacer *felices* a los demás te hace sentir *miserable*

CÓMO ROMPER EL PATRÓN DE AGRADAR A OTROS Y VIVIR CON CONFIANZA

GRUPO NELSON

Desde 1798

© 2022 por Grupo Nelson
Publicado en Nashville, Tennessee, Estados Unidos de América.
Grupo Nelson es una marca registrada de Thomas Nelson.
www.gruponelson.com
Thomas Nelson es una marca registrada de HarperCollins Christian Publishing, Inc.
Este título también está disponible en formato electrónico.

Título en inglés: *When Making Others Happy Is Making You Miserable*
© 2021 por Karen Ehman
Publicado por Zondervan Books.
Zondervan, 3900 Sparks Dr. SE, Grand Rapids, Michigan 49546
La autora está representada por Meredith Brock, Proverbs 31 Ministries.

Todos los derechos reservados. Ninguna porción de este libro podrá ser reproducida, almacenada en ningún sistema de recuperación, o transmitida en cualquier forma o por cualquier medio —mecánicos, fotocopias, grabación u otro—, excepto por citas breves en revistas impresas, sin la autorización previa por escrito de la editorial.

A menos que se indique lo contrario, todas las citas bíblicas han sido tomadas de la Santa Biblia, Nueva Versión Internacional® NVI®. Copyright © 1999, 2015 por Biblica, Inc.® Usada con permiso de Biblica, Inc.® Reservados todos los derechos en todo el mundo.

Las citas bíblicas marcadas «NTV» son de la Nueva Traducción Viviente, © Tyndale House Foundation, 2010. Usada con permiso de Tyndale House Publishers, Inc., 351 Executive Dr., Carol Stream, IL 60188, Estados Unidos de América. Todos los derechos reservados.

Las citas bíblicas marcadas «NBLA» son han sido tomadas de la Santa Biblia, Nueva Biblia de las Américas © 2005 por The Lockman Foundation. Usada con permiso, www.NuevaBiblia.com.

Las citas bíblicas marcadas «RVR» son de la Santa Biblia Reina Valera Revisada (RVR). Anteriormente publicada como la Santa Biblia, Versión Reina-Valera 1977. Copyright © 2018 por HarperCollins Christian Publishing. Usada con permiso. Todos los derechos reservados.

Los sitios web, números telefónicos y datos de compañías y productos mencionados en este libro se ofrecen solo como un recurso para el lector. De ninguna manera representan ni implican aprobación ni apoyo de parte de Grupo Nelson, ni responde la editorial por la existencia, el contenido o los servicios de estos sitios, números, compañías o productos más allá de la vida de este libro.

Editora en Jefe: *Graciela Lelli*
Traducción: *Marina Lorenzin*
Adaptación del diseño al español: *Mauricio Diaz*
Diseño de la portada: *Alison Fargason Design*
Fotografía de la portada: *Jamie Grill Atlas / Stocksy*

ISBN: 978-1-40023-199-7

Impreso en Estados Unidos de América
22 23 24 25 26 LSC 9 8 7 6 5 4 3 2 1

A Ruth y Pat

*Por la forma en que agradan a Dios
y aman a las personas.*

Contenido

Prólogo de
Lysa TerKeurst

Me encantaría decir que no lucho con mantener a otros felices para poder sentirme feliz. Sin embargo, tristemente, eso no es cierto. Recuerdo la primera vez que alguien etiquetó mi problema como «comportamiento complaciente». Eso me tomó desprevenida y sinceramente me sentí bastante ofendida.

En verdad amo a la gente. Quiero decir que saben que pueden contar conmigo día y noche. Me hace sentir horrible decir que no. ¡Me hace sentir genial ser la que dice que sí! Sé que estoy un poco cansada, pero mientras esté haciendo esto de buen corazón, es bueno, ¿verdad?

Y fue ese mismo proceso de pensamiento erróneo lo que demostró lo mucho que necesitaba a una amiga sabia como Karen para ayudarme a hacer algunos cambios.

En Mateo 22:37-39 (NVI) encontramos algunas de las palabras más populares de Jesús:

—"Ama al Señor tu Dios con todo tu corazón, con todo tu ser y con toda tu mente" —le respondió Jesús—. Este es el primero y el más importante de los mandamientos. El segundo se parece a este: "Ama a tu prójimo como a ti mismo".

Ama a Dios. Ama a las personas.

Karen me ha ayudado a darme cuenta de que hay una prioridad en esta instrucción.

La prioridad era lo que me había estado faltando. Durante años he dicho que sí a las peticiones incluso cuando no tenía la capacidad ni el deseo de hacer lo que otros me pedían. Y si soy totalmente franca, a menudo no era por puro amor a la gente que me exigía al límite. Era porque no sabía cómo manejar el miedo de lo que me costaría decepcionarlos. Así que, la práctica constante de tratar de ganar la aprobación de los demás me dejó sintiéndome vacía y agotada.

Y ahí fue cuando mi amiga Karen me ayudó a reorientar mis prioridades. No se trata de «amar a las personas para que te aseguren que eres amada». No, se trata de «amar a Dios» y vivir desde ese lugar seguro de que ya eres amada. Luego, desde ese estado mental compasivo y confiado, «ama a tu prójimo» de maneras apropiadas que no te sobrecarguen constantemente.

Estás acompañada si te encuentras en esta misma lucha. Karen es cálida y divertida, y acogedora y muy compasiva. No obstante, te ama demasiado como para permitir que te quedes en un lugar donde hacer felices a otras personas te está haciendo sentir miserable.

Seamos honestas acerca de lo que realmente nos está costando.

Admitamos cómo esto podría estarse llevando lo mejor de nosotras en perjuicio de aquellos que deberían ser una prioridad.

Reconozcamos lo indefensas que nos sentimos cuando nos hemos comprometido en exceso una y otra vez.

Atrevámonos a ser lo suficientemente valientes como para procurar cambios.

Levantémonos y modelemos lo saludable que es romper con la complacencia para que podamos amar verdaderamente a las personas sin una agenda oculta.

Y aprendamos a tener suficiente espacio, tranquilidad y calma para entrar de lleno en nuestra vida gloriosa y vivir a plenitud.

Capítulo 1

La prisión de la complacencia

Impreso en una sudadera:
«No puedes agradar a todos. No eres una pizza».

¿Qué busco con esto: ganarme la aprobación
humana o la de Dios? ¿Piensan que procuro
agradar a los demás? Si yo buscara agradar a
otros, no sería siervo de Cristo.

—GÁLATAS 1:10

Tomé un puñado de pañuelos de papel y salí corriendo por la puerta corredera de vidrio que conduce a nuestro patio trasero. Era una tarde húmeda del Medio Oeste de finales de mayo. Mi cuerpo hubiese preferido quedarse adentro con el aire acondicionado frío; sin embargo, mi mente necesitaba escapar con desesperación. A alguna parte. Cualquier lado. Y debido a que mi hijo estaba usando mi vehículo para ir a trabajar ese día, irme muy lejos no era una opción.

Me desplomé en una tumbona en la parte boscosa de nuestra propiedad cerca del brasero. Solía sentarme en esa silla azul brillante para alentar a mis hijos en los cientos de partidos de béisbol, cuando se acercaban al plato para batear o se posicionaban en el montículo del lanzador, listos para lanzar una bola curva. Quizás ahora podría alentarme *a mí misma*. Pero lo dudaba. Nada acerca de mi situación —o de mi futuro cercano— me parecía remotamente alentador.

Acababa de terminar una llamada telefónica con mi mejor amiga de la universidad. Hemos compartido la vida durante más de un cuarto de siglo, y ella continuamente procura lo mejor para mí. Conversar con ella es un deleite en mi día, el mejor estimulante. De hecho, cuando terminamos de hablar, cuelgo y pienso: *vaya, conversar con ella es casi mejor que ir a la iglesia*. Hemos procesado juntas la vida desde que éramos adolescentes. Hemos orado por nuestros matrimonios, compartido nuestros contratiempos maternales y navegado juntas en lo que respecta a cómo ayudar mejor a nuestros padres ancianos. Nos ofrecemos ánimo y consejo, o solo nos escuchamos compartir algo trivial, riéndonos con nuestros teléfonos en altavoz sobre cómo cada una trata frenéticamente de servir la cena en la mesa.

Sin embargo, esta llamada fue diferente. Aunque mi amiga no lo sabía, cuando terminamos la conversación no me sentía alegre ni animada en absoluto. Por el contrario, me sentía derrotada por completo y agotada emocionalmente. Oh, no fue algo que ella haya dicho lo que me condujo a ese lugar de desánimo. De ninguna manera. Entonces, ¿qué me *había* empujado hasta el límite, amenazando con drenar la felicidad de mi corazón y llenar mi alma con inquietud? Era algo que había hecho decenas... quizás cientos... oh, para serte franca, probablemente miles de veces...

Había dicho que sí.

Nuestra familia se había mudado a un pequeño pueblo en las afueras de Lansing, la capital de mi estado natal de Míchigan. Su hijo de edad universitaria estaba atravesando un proceso de entrevistas para una pasantía de verano en una organización en la ciudad. Ella me había llamado para informarme que él acababa de aceptar un puesto y pronto estaría trabajando del otro lado de la interestatal, a unos quince minutos de nuestro nuevo hogar. La descripción laboral le quedaba como anillo al dedo, y estaba emocionado por empezar pronto.

Sin embargo, este empleo iba a requerirle más de una hora de viaje en cada sentido desde su casa cerca de Detroit. La mayoría de los días no sería un problema, ya que trabajaría en el horario típico de nueve a cinco y pico. No obstante, algunos días sería responsable de quedarse hasta tarde y cerrar, lo que implicaría llegar a su casa cerca de la medianoche, aunque aún tendría que levantarse en la madrugada a la mañana siguiente. Sabiendo que esta sería una situación ocasional para él —quizás uno o dos días a la semana— me preguntó si su hijo podría quedarse con nosotros durante esas noches y dormir en nuestro cuarto de huéspedes.

Ahora bien, este chico no era un problema en absoluto. Lo conocemos de toda la vida. Era muy divertido, respetuoso y amable. Por tanto, queda claro que quién él era no tenía nada que ver con una pequeña conversación que comenzó dentro de mi mente entre mi ser «exterior» y mi ser «interior». Es una discusión que mi cerebro ha albergado miles de veces. Así fue cómo se desarrolló ese día.

> **Ser interior:** Oh, no. No estoy segura sobre esto. Creo que tenemos mucho que hacer este verano para tener a un invitado durante la noche que se quede un par de días cada semana. Debería decir que no.
>
> **Ser exterior:** Pero si dices que no decepcionarás a tu amiga, que solo quiere algo de ayuda para su hijo.
>
> **Ser interior:** Ya lo sé, pero no siento que sea lo correcto. Tengo mucho en mis manos con los quehaceres de la casa y mi ministerio. Debería decir que no.
>
> **Ser exterior:** Pero si dices que no, también vas a decepcionar al hijo de tu amiga. Son *dos* personas a las que decepcionarás. Además, es un gran

muchacho. Deberías ayudarlo. No causará ningún problema en absoluto.

Ser interior: Sé cómo soy. Voy a querer asegurarme de que su cuarto tenga sábanas y toallas limpias, y voy a quedarme despierta hasta que regrese, y le voy a preparar algo para comer antes de que se vaya a dormir. Aunque por lo general me gusta ser hospitalaria, esto me va a estresar.

Ser exterior: ¡Oh, vamos! Eres la experta en multitareas. Puedes hacer malabares con un montón de tareas a la vez. Esta pequeña adición no será un gran problema. Solo añade algunas cosas más a lo que tienes en tus manos. Puedes hacer que todo encaje.

Ser interior: Oh, cielos. Mi mente comienza a acelerarse y mi corazón a latir más rápido. Todavía estoy superando la muerte de mi papá. Y mi madrastra, mi suegra y mi madre —que se están volviendo mayores— a veces necesitan mi ayuda. Y tenemos una casa nueva que aún estamos remodelando. De hecho, en el cuarto de huéspedes hay una pila alta de tablones de madera para los pisos nuevos que no se instalarán hasta dentro de varias semanas. Y soy una nueva suegra. Necesito encontrar tiempo para pasar con mi nuera. ¡Ah, y casi me olvidaba! Una amiga de la familia envió un mensaje de texto hace unos días para preguntar si podían quedarse en nuestra casa algunos fines de semana a fin de ayudarla a iniciar una nueva carrera como asistente de compras al escoger algunos clientes en la ciudad. Ya había respondido que sí a esa petición. Oh, ¿en *qué* estaba pensando? ¿Cómo voy a lograr manejar todo esto?

Ser exterior: ¡Amiga, relájate! Tú puedes manejarlo. Lo que *no puedes* hacer es no alojar a tu amiga. Eso se sentirá peor que estar estresada. Ahora escucha, no tienes alternativa. O la decepcionas o te incomodas en poco. Sabes la respuesta correcta. Solo di que sí.

Ser interior: No debería.

Ser exterior: Tienes que hacerlo.

Ser interior: Realmente no debería.

Ser exterior: Ah, pero tienes que hacerlo.

Ser interior: No, estoy bastante segura de que no debería.

Ser exterior: ¡Ah, deja de engañarte, sabes que lo harás!

Y entonces mi ser exterior abrió grande su boca y dejó salir un resonante: «Seguro. ¡No hay problema!».

Mientras tanto, en mi interior, mi espíritu se desanimaba tan rápido como mi nivel de estrés se disparaba. Y entonces terminé la llamada, murmurando algo sobre tener que ir a cambiar la ropa para lavar. En cambio, dejé la ropa sin tocar, tomé algunos antiácidos para curar mi úlcera cada vez más grande, y me fui afuera a LLORAR SIN PARAR.

¿Cómo llegué hasta aquí?

Pocas personas son completamente inmunes a ser complacientes. La mayoría de nosotras hemos dicho algo que realmente no queríamos decir, solo por no querer herir los sentimientos de alguien más. Ya sabes, como cuando tu amiga te preguntó qué pensabas de su nuevo traje a la moda azul neón del que estaba encantada, pero tú pensaste que era dos tallas más pequeñas y la hacía ver como una pitufa rellena. Internamente, quizás hayas pensado que se acercaba más a horrible que a maravilloso, pero dibujaste una sonrisa y de tu boca salió un falso cumplido: «¡Vaya! ¡Luce increíble!».

¿Por qué decimos cosas que en realidad no queremos decir? Esto no se limita a nuestro deseo de evitar herir los sentimientos de los demás. En muchas ocasiones, tiene que ver con nuestro anhelo de ser queridas. ¿Quién de nosotras, si estuviéramos aún en la preparatoria y tuviéramos que decidir entre ser una atleta sobresaliente, pero no tener amigos, o ser una completa torpe en el campo de juego, pero la receptora de la corona de la fiesta de bienvenida, elegiría ser una atleta estrella? (Discúlpame, por favor, mientras me enderezo la tiara).

La mayoría de nosotras hemos adoptado la costumbre de decir o hacer lo que agrada a los demás a fin de mantener a raya el conflicto. O podemos no hablar con honestidad debido a que sospechamos que podríamos ser desafiadas. ¿Y qué tal esto? Simplemente, no tenemos ganas de que nos molesten en este momento y, si estamos de acuerdo con ellos, tal vez se vayan contentos.

Todas razones legítimas, por supuesto. Sin embargo, a veces va mucho más allá.

Podríamos decirle una mentira piadosa a un supervisor en el trabajo para que tenga una opinión favorable de nosotras, especialmente si nuestro aumento potencial en la empresa es algo en lo que tenga participación. O tal vez nazca de una sincera simpatía. Cuando alguien ha experimentado repetidas decepciones o atravesado por una grave tragedia, para evitar añadir a su tristeza, no decimos nada que pudiera molestarle. Quizás el escenario más grave sea este: alguien atrapado en una situación de abuso doméstico. Tal individuo dirá aquello que su abusador quiera oír, independientemente de lo que realmente piense o sienta. No puede arriesgarse a molestar a la persona abusiva, así que aguanta su enojo.[1]

Cuando profundizas para desenterrar las causas de ser complaciente, descubres que no es solo la respuesta de la persona que esperamos agradar lo que nos hace ceder y aplacar. Para algunas de nosotras, es un resultado de cómo fuimos programadas mentalmente, un producto de nuestra personalidad en particular. Aunque no voy a profundizar en pruebas de personalidad y teorías específicas, ya que hay un montón de grandes obras disponibles (ver mis favoritas en la sección de recursos en las páginas 195 - 196), sí creo que existen algunos puntos en común cuando se trata del tipo de persona que está en peligro de convertirse en adicta a la aprobación de los demás.

Puede ser de la clase servicial, con amabilidad en su corazón y la más paciente de las personalidades. Realmente disfruta de ayudar a los demás. Es natural que una mujer así se pase de la raya y ayude más allá de lo que es saludable o necesario.

Otra categoría de personas que pueden volverse muy miserables mientras hacen felices a otros son las sobresalientes. Ser universalmente apreciada y admirada puede parecer un logro que nosotras —sí, aquí estoy hablando en plural, porque soy cien por ciento de este tipo— simplemente debemos alcanzar.

No dejemos afuera a las perfeccionistas. Estas personas pueden sentirse atraídas a apaciguar y satisfacer a otros debido a que creen que es lo correcto. Pueden acumular una buena racha de acciones que complacen a los demás sin perder el ritmo.

Y ya que estamos en eso, agreguemos a todas las pacificadoras a la mezcla. (Con cuidado ahora, porque son almas sensibles y compasivas). Las personas pacificadoras no pueden soportar ver a alguien molesto. Detestan el sentimiento de conflicto o la tensión que se siente en el aire. Si decir algo que en realidad no es su intención —o hacer algo que realmente no quieren hacer— ayudará a mantener la paz y calmar a alguien más, entonces así es como reaccionarán.

Aunque nuestras razones y nuestras personalidades pueden variar, existe un resultado universal que observamos a partir de nuestra corriente constante de síes. Es este: tratar de hacer (o mantener) a otros felices a menudo nos hace sentir miserables.

Conoces el sentimiento. Dijiste que sí a la responsabilidad, aceptaste la tarea, fingiste entusiasmo cuando realmente sentías temor, y ahora tu mente se acelera con arrepentimiento y desea poderle dar marcha atrás al tiempo y regresar al día en que tus labios dijeron que sí cuando deberían haber pronunciado un gran y rotundo no. Sin embargo, ¿volver a examinar la situación con la posibilidad de una segunda oportunidad realmente cambiaría algo? Después de todo, te has acostumbrado tanto a complacer a los demás que has bordado un patrón perpetuo de complacencia en el tejido de tu propia vida. Sonríe y di que sí cuando preferirías decir que no; muéstrate totalmente de acuerdo cuando lo que realmente crees es todo lo contrario. No hieras susceptibilidades. No hagas que dejen de sonreír. Compórtate como otros desean, sin importar lo que realmente quieres... o incluso lo que con desesperación necesitas.

El anhelo de ser querida

El gimnasio de la escuela primaria de ladrillos de mi barrio era el sitio de muchas actividades. No solo íbamos allí para la clase de educación física del viernes por la tarde, sino que además era la cafetería de la escuela y a su vez nuestro auditorio. (Deberían haberlo llamado el «café-gimnasio-auditorio»). Un día podía estar contra la pared esperando que me eligieran entre las primeras para integrar el equipo y jugar a los quemados. Otro día, podía estar parada en una tarima cantando con mis compañeros de clase en un concierto navideño o un recital de primavera. No obstante, mayormente, era el lugar donde almorzaba cinco veces a la semana.

¿Quién no se acuerda de estar parada nerviosamente con la bandeja del almuerzo escaneando el lugar en busca de un espacio para sentarse? Tal recuerdo todavía puede despertar una sensación de ansiedad. No hay un mejor entorno que ese para sentirse rechazada, o al menos para experimentar una sensación de soledad. Sin embargo, yo no tenía miedo de sentarme sola, porque poseía un arma secreta en mi bolsillo trasero. Bueno, en realidad estaba detrás de la mesa de servir ofreciendo puré de papas y salsa con una sonrisa. Era mi madre, la querida señora del almuerzo de la escuela primaria Delta Center.

En la cafetería, si quería ganar amigos —e influenciar a enemigos— mi mamá era el boleto. Además de nuestras porciones básicas y el montón de comida apilada en nuestras bandejas rectangulares de plástico color pastel, teníamos la opción de comprar un sándwich de helado por tan solo quince centavos. Mi mamá a menudo me invitaba a comer uno, y también a cualquier amiga con la que estaba sentada ese día. Naturalmente, muchas personas querían ser mis amigos. Bueno, ¿a quién no le gustan las galletas de chocolate con crema de vainilla helada? (Toma el teléfono para agregar «sándwich de helado» a la lista de compras de la aplicación).

Fue este amable gesto de mi madre el que me enseñó una lección de vida importante: haz feliz a alguien y entonces le agradarás. Y dado que mi ser de solo un dígito de edad no disfrutaba la sensación de no ser querida, resolví nunca dejar que eso pasara si estaba dentro de mi alcance. Regalarle a un compañero de clase una golosina helada no era mi única herramienta para mantener mis amistades. Mi comportamiento en otras áreas me garantizaba que me sentiría querida y amada. Hacía cumplidos que realmente no quería decir, asentía para no provocar ninguna tensión ni crear ningún conflicto y, por supuesto, unía fuerzas con las chicas malas cuando no querían a alguien más de nuestra clase. Tenía que hacerlo. ¿Y si no lo hacía y las chicas malas se volvían en mi contra?

Pronto me convertí en una adicta a la aprobación: el deseo de pertenencia, la adicción a la aceptación, el anhelo de no generar ninguna tensión en una conversación y la seguridad que ser querida le traía a mi joven alma. No obstante, he aquí la cuestión de vivir así...

Para seguir este ritmo, tienes que convertirte en una hábil mentirosa.

Sí, escuchaste bien. Los que procuran siempre agradar a los demás también son engañadores. No siempre decimos la verdad. La encubrimos. La rodeamos. La disfrazamos un poco antes de llevarla a dar una vuelta. O, aún peor, dejamos la verdad completamente fuera de escena.

Cuando nos preguntan qué pensamos acerca de mentir, nosotras «las chicas del sí» sostenemos que mentir está mal. Después de todo, ¿no se encuentra la Biblia llena de advertencias sobre el pecado de encubrir la verdad? Pero prestemos atención a nuestras vidas y una realidad diferente se materializa. Por lo general, cuando se trata de agradar a los demás, no decimos la verdad. El día que admití esta realidad representó una llamada de atención colosal para mí. Ese momento de revelación me ayudó a encaminarme para convertirme en una persona complaciente en recuperación. Fíjate que hablo de *recuperación* en tiempo presente. Sé que no lo he alcanzado todavía, ni jamás lo alcanzaré. Aprender a lidiar con este problema relacional es una tensión que debo manejar. No es un problema que puede de pronto resolverse con un chasquido de los dedos. (¡Pero, oh, hermana, desearía que así fuera!).

¿Adivinas qué más nos provoca ser complacientes? Aunque puede hacernos ganar una reputación de personas serviciales y competentes, también crea un montón de trabajo extra para nosotras. ¿Acaso no es totalmente cierto?

¿De qué manera apaciguar a otros ha resultado en más trabajo? ¿Te has quedado hasta tarde a fin de hornear un montón de bizcochos de chocolate para el equipo de fútbol de tu hijo, a pesar de que venías durmiendo poco y tuviste una semana muy ocupada, cuando había muchas otras madres del equipo de fútbol que todavía no habían hecho ni un solo dulce en la temporada? ¿Aceptaste ir a cortar el césped de tus abuelos ya ancianos casi todas las semanas en el verano, a pesar de que tienes media docena de primos que fácilmente se podrían haber turnado? (Pero no querías decir nada ni sugerir que te dieran un respiro). ¿Eres la única que siempre limpia la cafetera en el trabajo y, ahora que lo has estado haciendo por tanto tiempo, la gente lo espera de ti aunque ellos mismos son perfectamente capaces? Y así, sigues sirviendo como el mayordomo designado de la sala de descanso.

El trabajo que creamos para nosotras mismas no solo se limita al trabajo físico. También nos creamos una mayor carga emocional, la cual es agotadora, exhaustiva y exasperante. Me he arrepentido por las cosas que acepté hacer que realmente no quería hacer, o que incluso sentía fuertemente que Dios *no* deseaba que hiciera. A veces, tengo que lidiar con la ira cuando percibo la sensación de que me están usando o se están aprovechando de mí. Experimento un profundo desaliento cuando me siento impotente para romper el hábito de asumir tareas que otros podrían hacer fácilmente por sí mismos. Pero por sobre todo, está la sensación general de agotamiento emocional que envuelve mi mente mientras hago malabares con las responsabilidades y tareas que he añadido a mi propia lista simplemente para ser querida y recibir la aprobación de los demás. Y repito los escenarios de estas decisiones agotadoras una y otra vez en mi mente, imaginando lo que podría y debería haber hecho diferente.

Nuestro ser interior, en lo profundo de las conversaciones secretas de nuestras mentes, realmente es capaz de elaborar todo tipo de maneras de decir que no. Rechazar cortésmente. No volver a ofrecernos como voluntarias. Dejar que la persona que se está enfadando siga enojándose, en lugar de aceptar hacer algo que quiere que hagamos. Sí, en nuestras mentes podemos tener razones fascinantes y explicaciones lógicas que finalmente podrían resultar en una vida honesta y sin complicaciones. El problema es que nuestro ser exterior, adicto a la aprobación, parece no poder enviar el mensaje correcto.

La complacencia trae mucho detrimento a nuestras vidas. Nos hacemos la vida imposible. Mentimos. Creamos más trabajo para nosotras mismas, tanto físico como emocional. Perdemos el gozo. Le ofrecemos una invitación permanente al remordimiento. Todo esto es profundamente desalentador. Sin embargo, ¿sabes qué es lo peor de todo?

Cuando nos comportamos de este modo, estamos dejando que las personas ocupen el lugar de Dios.

¡Ay!

Mi verano de lo necesario y de no

Algunos días más tarde, me volví a encontrar en una tumbona cerca de nuestro brasero temprano al anochecer. El peso de mi pecho disminuía lentamente a medida que comenzaba a calmarme y terminaba mi última sesión de llanto espontáneo. Mientras miraba los rayos de la luz del sol que penetraban a través de las ramas danzantes de los imponentes arces, le abrí mi corazón al Señor sobre la llamada telefónica con mi mejor amiga de la universidad. Por supuesto, él ya sabía toda la historia, hasta el resultado predecible de decir que sí cuando debería haber dicho que no. Aun así, se sintió bien verbalizar mis pensamientos más recónditos a Dios. Solo esperaba que nadie más me escuchara, a excepción de la media docena de ardillas negras que habitan en los árboles y se pasan el tiempo robando las semillas de los pájaros de nuestros comederos. Después de todo, los vecinos, que simplemente trataban de cenar en paz, no necesitaban una cena *y* un espectáculo.

Tenía el teléfono a mi lado sobre una mesa pequeña. Lo agarré y accedí a una aplicación para leer la Biblia y localizar pasajes. Deslicé mi dedo para abrir la página de consultas de pasajes y luego activé el buscador, colocando tres palabras en la barra de búsqueda: *agradar a otros*. Solo un milisegundo después de hacer clic en la pequeña lupa que puso en marcha la búsqueda, aparecieron delante de mis ojos veintitrés versículos. Los leí. Algunos no se ajustaban a mi situación, aunque incluían dichas palabras en el pasaje. Sin embargo, cuando vi la entrada número veintidós, fue como si parpadeara en color rosa neón; sus palabras penetraron directamente en mi alma.

El apóstol Pablo le escribió una carta del Nuevo Testamento a la iglesia primitiva en Galacia, una zona que forma parte de la actual Turquía. Aunque fue compuesta entre el 53 y 57 A. D., su mensaje aún tiene gran relevancia en la actualidad. Una buena porción de Gálatas trata sobre la presión que los primeros cristianos allí sentían por parte de un grupo conocido como los judaizantes. Los miembros de este grupo insistían en que los convertidos al cristianismo todavía debían seguir algunas prácticas de la ley del Antiguo Testamento, afirmando que eran necesarias para ser un verdadero creyente y obtener la salvación. Pablo corrigió esta noción, recordándoles a todos el verdadero evangelio de Cristo que nos ofrece salvación al confiar solo en él, aquel que abrió el camino al cielo por medio de su muerte en la cruz en nuestro lugar (Gálatas 1:6-7; 3:26).

Al comienzo de este mensaje a los gálatas, Pablo lanza una pregunta importante. Es una pregunta que he aprendido a hacerme con frecuencia. Desearía poder decir que siempre respondo de manera correcta. Por desgracia, no es así. ¡Pero voy mejorando, y sé que tú también podrás!

¿Cuál es esta pregunta? Dice así: «¿Qué busco con esto: ganarme la aprobación humana o la de Dios? ¿Piensan que procuro agradar a los demás? Si yo buscara agradar a otros, no sería siervo de Cristo» (Gálatas 1:10).

¡Alto! ¡Pausa el video! ¡Aguarda! ¿Qué? ¿Las personas en los días de la Biblia luchaban con agradar a los demás? Quiero decir, ¿no eran todos perfectos, corriendo por ahí luciendo sus aureolas que competirían con los filtros de Instagram más gloriosos y entonando las últimas canciones de adoración que acababan de descargar de su aplicación espiritual Spotify?

No. Ellos lidiaban con esta tensión interpersonal en sus vidas al igual que nosotras. Y sería bueno reflexionar en la pregunta de Pablo cuando nos sentimos atrapadas en un tira y afloja entre seguir a Dios o sucumbir a la presión de las personas.

Examino este versículo una y otra vez, con la intención de que su pregunta convincente y sus frases relevantes permanezcan en mi memoria. «¿Qué busco con esto: ganarme la aprobación humana o la de Dios? ¿Piensan que procuro agradar a los demás? Si yo buscara agradar a otros, no sería siervo de Cristo».

No obstante, sabía que aprenderlo de memoria no era la clave completa. No solo necesitaba grabar las palabras en mi mente, sino que también debía tomarlas en serio; permitirles transformar mi comportamiento y —aunque no lo sabía en ese momento— revolucionar mis relaciones.

Durante los siguientes días, hablé con Dios y profundicé en su Palabra. Fue entonces cuando sentí que me guiaba a hacer algo fuera de lo común, algo que nunca había hecho antes. Le conté la idea a mi esposo, y me brindó todo su apoyo. De hecho, él había estado queriendo que hiciera algo así durante años. ¿Cuál era la idea? Resultaba realmente muy sencilla. Sentí que Dios me decía lo siguiente: *«Hija mía, te pido que tengas un verano de "lo necesario" y de "no"».*

He aquí la idea: durante los próximos tres meses, hasta el Día del Trabajador, solo iba a realizar las cosas necesarias para mi trabajo, mi hogar y mi familia. Nada más. No huéspedes. No ofrecerme a cuidar a los hijos de alguien más. No resolver los problemas de otras personas. No comprometerme con incluso cosas simples, como preparar dulces para la guardería de los niños a fin de que los coman durante los servicios de adoración de la iglesia. No decirles que sí a incluso cosas maravillosamente buenas, como asistir a un estudio bíblico con una amiga. Iba a hacer solo lo necesario y decirle que no al resto.

Sé que podría sonar bastante extremo. Sin embargo, iba a ser mi primer descanso en más de veinticinco años de mi vida adulta. Veinticinco años. ¡Vaya! Incluso a finales de la preparatoria, cuando conocí a Jesús y comencé a seguirle, me sentía culpable no solo de querer agradar a los demás, sino también de servir de manera excesiva. Podías contar conmigo para ser la primera en levantar la mano con el fin de ayudar. Para ofrecerme a organizar o limpiar, o a veces, si era necesario, a hacer ambas cosas. Para preparar la comida o cuidar a los bebés en la sala cuna de la iglesia. Para hacer los mandados y alivianar la carga. Para parecer muy capaz y realmente maravillosa. No obstante, después de un cuarto de siglo, necesitaba un descanso, algo extremo.

Luego supe qué era lo siguiente que debía hacer en esta nueva misión. Realizar algunas llamadas telefónicas. Enviar algunos mensajes de texto. Necesitaba cancelar algunos compromisos. Deshacerme de algunas cosas. Retractarme de algunos comentarios que había dicho. Básicamente, necesitaba destruir mi calendario para las gloriosas catorce semanas que comprendía el verano por delante, manteniendo solo las cosas importantes. Sabía que eso iba a resultar insoportablemente doloroso para esta clase de chica que solo se preocupa por lo que piensa todo el mundo, a pesar de lo que esto le provoca. Aun así, respiré hondo y tomé el teléfono.

Desearía poder decir que todos al otro lado de la línea lo tomaron de manera fantástica; que entendieron lo mucho que necesitaba un descanso e insinuaron que era bien merecido. Sin embargo, ese no fue el caso. Algunos se mostraron simplemente cordiales, pero un poco difíciles de interpretar. No estaba segura de si se habían molestado conmigo o simplemente se hallaban decepcionados porque tendrían entonces que poner en marcha un plan B. Algunos sí declararon alegremente: «¡No hay problema!», y apoyaron mi decisión. Otros me bombardearon con la culpa, aunque sigilosamente, implicando que les causaría molestias al ya no aceptar con alegría suplir alguna de sus necesidades.

Y entonces llegó el momento de la última llamada a mi mejor amiga de la universidad. Sabía que sería la llamada más difícil, ya que éramos muy cercanas, con años de amistad detrás —y por delante— de nosotras. Mi aceptación a su solicitud realmente habría ayudado a su hijo, que necesitaba un lugar ocasional para quedarse durante su pasantía. Lamentaba que estaba a punto de decepcionarla.

Caminé con desgano de nuevo hacia el brasero, segura de que las ardillas estaban ya acostumbradas a mi constante sollozo, así que no les molestaría si lloraba de nuevo. (Esperaba que convocaran a los cardenales y los arrendajos azules, que volarían por el aire y suavemente harían flotar un pañuelo sostenido entre sus picos. Ya sabes, como los pequeños amigos del bosque de

Cenicienta y Blanca Nieves lo harían). Deslicé la pantalla de mi teléfono y marqué su número. (Sí, dije «marqué». Ella ha tenido el mismo número desde hace un par de décadas, y me lo sé de memoria. Así de cercanas somos).

Intenté mantener la calma mientras le transmitía mi dilema, disculpándome por decir que sí cuando sabía en mi corazón que la respuesta debería haber sido no. Mi amiga me amaba, y yo tenía la seguridad de que comprendería, aunque probablemente quedara un poco decepcionada. No obstante, yo no estaba del todo preparada para la avalancha de amor —y el claro reflejo de Jesús— que se materializó cuando oí su voz del otro lado del teléfono.

Esta mujer, por lo general de voz suave y tranquila, me dijo: «Oye, Kit» (mi apodo en la universidad, en caso de que no lo supieras), «está bien. No pienses más al respecto. Ya se nos ocurrirá algo. Lo que más me preocupa eres tú y tu salud. Ve a descansar y podemos volver a hablar en una semana más o menos. Voy a estar pendiente de ti todo el verano».

Mientras continuábamos hablando, la tensión retorcida comenzó a desatarse de mis hombros. Mi alma se calmó y mis emociones se aquietaron. Su preocupación genuina por mí era lo más evidente. No había ni siquiera una nota de decepción en su voz.

Ella misma había atravesado recientemente un período de algunos años en los que ayudó a un ser querido que sufría de estrés, ansiedad y agotamiento, dejándolo a veces imposibilitado para trabajar. Su experiencia al observar a esta persona la llevó a transitar por un tiempo emocionalmente tumultuoso, llenando su corazón de empatía y comprensión. Su amable respuesta me permitió dormir profundamente por primera vez en más de una semana. Y me confirmó que aquellos en mi vida que me aman —y quieren que siga a Dios— entenderán cuando tome una decisión que no es la más ventajosa para ellos. Su bondad aquel día fue el mejor de los regalos.

¿Qué hay de ti? ¿Tus tendencias a complacer a las personas te han ocasionado muchos dolores de cabeza, al menos una o dos veces? ¿Estás cansada de aceptar algo en tu exterior que internamente estás segura de que no deberías permitir? ¿Tratar de mantener a todos felices termina haciéndote sentir todo lo contrario? ¿Necesitas con desesperación tu propio tiempo de solo hacer lo necesario y aprender a decir que no? Y si eres completamente franca, ¿admitirías que a veces colocas a las personas en el lugar de Dios?

Si alguna de estas preguntas provoca un pequeño sí en tu corazón, te invito a que me acompañes en este camino que aún estoy aprendiendo a transitar. Me encuentro solo algunos pasos adelante, navegando a mi manera para encontrar la caminata menos atemorizadora —y menos difícil— a medida que se vuelve cada vez más familiar. Al igual que un músculo que debe ejercitarse para crecer más fuerte con el paso del tiempo, tu capacidad para discernir y decidir aquello que agrada a Dios, más que a los hombres, se agudizará mientras avanzas en tu propio caminar con Jesús.

Ahora ven conmigo a mi pequeña arboleda de arce. Allí nos sentaremos junto al fuego mientras también aprendemos a sentarnos a sus pies. Es posible que nos acompañen una o dos ardillas negras. Quizás hasta algunos de nuestros coloridos amigos con plumas. Sin embargo, pronto el sol se abrirá paso a través de la sombra de las hojas cuando el Hijo comience a disipar la oscuridad que hemos experimentado a causa de nuestras maneras de complacer a las personas.

Juntas aprenderemos a caminar íntima y confiadamente con nuestro amoroso Creador, a pesar de las opiniones y expectativas de los demás.

Cuestionario: ¿Cuál es tu porcentaje de aprobación?

A menudo, podemos ver una noticia que informa el índice de aprobación de un político. Este es el resultado de una encuesta que se llevó a cabo para determinar qué porcentaje de la gente encuestada está satisfecho con el trabajo que dicha persona está realizando. Es hora de que hagamos nuestra propia encuesta. Sin embargo, esta tiene un giro ligeramente diferente.

Lee los siguientes enunciados y anota el número que mejor te describa utilizando el parámetro siguiente. Luego suma los números para ver dónde te posicionas en la escala de calificación de la aprobación.

5	4	3	2	1
Nunca	Rara vez	A veces	Generalmente	Siempre

1. Tengo problemas para expresar mi sincera opinión cuando alguien me pregunta qué pienso acerca de su atuendo, cabello, calzado nuevo, etc...

   _____

2. Si estoy en un grupo decidiendo dónde comer y la mayoría ya ha elegido comer en el restaurante A, pero yo quiero el restaurante B, voy a ir con la corriente en lugar de decirles la verdad. _____

3. En un grupo donde un líder está pidiendo voluntarios para una tarea, me aseguraré de ser una de las personas que se apunte con el objetivo de realizar el trabajo o proveer alimentos. _____

4. Soy hipersensible a ser corregida por los demás.

   _____

5. Dudo de mí misma cuando comienzo a preguntarme lo que alguien más podría pensar sobre mi decisión.

   _____

6. Cuando las personas, especialmente desconocidos, debaten sobre política y piensan contrario a lo que yo siento que es una cuestión moral importante, me guardo mis opiniones para mí misma en lugar de decirles lo que creo. _____

7. Me incomoda incluso la ilusión de la insatisfacción de otros. _____

8. Cuando siendo parte de un grupo se me pide que dé mi opinión, al terminar de hablar, espero que otros intervengan y se muestren de acuerdo. _____

9. Si observaras mi vida, me caracterizarías como alguien que está demasiado comprometida.

   _____

10. Cuando conozco a alguien, espero que después de nuestro primer encuentro le caiga bien. _____

11. Tengo temor de que mis verdaderos pensamientos se vean expuestos, porque podrían considerarme una impostora. _____

12. Si soy totalmente franca, tengo que admitir que a veces miento porque tengo temor de provocar una reacción negativa, y entonces digo lo que sé que quieren escuchar. _____

13. A veces quiero levantar mi voz para decir algo que no va a agradarle a la persona con la que estoy hablando, pero tengo temor de perderla como amiga. _____

14. No tengo problemas para expresar mi opinión sincera con los miembros de mi familia, que sé que me aman, pero sí encuentro difícil tener que expresarles mis

opiniones a alguien fuera de mi entorno familiar, que tiene la opción de quererme o no. _____

15. Si siento que no le caigo bien a alguien, me molesta. _____

16. Alguien que me conoce a un nivel superficial diría que soy una persona extremadamente confiable y servicial. _____

17. Tengo un fuerte deseo de recibir cumplidos, ya sean verbales o escritos digitalmente en un correo electrónico, un mensaje de texto o las redes sociales. _____

18. Digo que sí a cosas que me generan más trabajo en lugar de decir que no y correr el riesgo de decepcionar o disgustar a la persona que me lo está pidiendo. _____

19. Doy cumplidos que no son sinceros. _____

20. Mi deseo de hacer felices a los demás termina haciéndome sentir un poco miserable. _____

Total: _____

Muy bien. ¿Cómo te fue? Veamos dónde te coloca la suma total.

81-100: No saboteas tu vida al ser complaciente con los demás. ¡Bien por ti! Aún te beneficiarás de este libro; no obstante, cuando termines de leerlo, quizás quieras prestárselo a alguien que presente un problema mayor cuando se trata de agradar a otros, porque lo más probable es que no tengas que referirte a él de nuevo... ¡pero ellos pueden necesitar leerlo una vez al año!

61-80: Probablemente te encuentres en la escala media de las personas complacientes. A veces caes en esta tendencia, pero en otras ocasiones te sientes muy cómoda expresando tus opiniones y no te sobrecargas con compromisos. ¡Bravo! Aunque definitivamente tengas cuestiones que mejorar, más de nosotras necesitamos ser como tú.

41-60: Ser complaciente y adicta a la aprobación de los demás es un problema menor en tu vida. Es probable que luches con esto cuando se trata de ciertas personas, pero no te sucede con todos. Puedes aprender a progresar, teniendo cada vez menos temor de lo que ciertas personas piensen.

31-40: Sí. Tu adicción a la aprobación es definitivamente un problema en tu vida. Lo más probable es que te haya causado dolor y tristeza, pero no puedes evitarlo. Abróchate el cinturón, cariño. Tenemos algunos cambios que hacer.

21-30: Bienvenida al club «¡Haz felices a los demás!», del que soy miembro fundadora. Realmente les caemos bien a las personas. Piensan que somos capaces y muy serviciales. Nuestras agendas están llenas, pero nuestros corazones a menudo están vacíos. Es hora de dejar de buscar la aprobación de los demás y empezar a confiar en Dios.

20: ¡Querida hermana, llámame de inmediato! ¡Necesitamos organizar una intervención! ¡Tienes una puntuación aún más baja que esta experta en complacencia! (Una vez llegué a tener 27 puntos, pero cuando repetí la evaluación hace unos momentos, había mejorado hasta llegar a 53. *¡Progreso!*).

Capítulo 2

¿De qué (o en realidad de quién) tenemos miedo?

Sé quien eres y di lo que sientes, porque a aquellos a quienes les molesta no importan, y a quienes les importas no les molesta.

—DR. SEUSS

Temer a los hombres resulta una trampa, pero el que confía en el SEÑOR sale bien librado.

—PROVERBIOS 29:25

Cuando era adolescente, me encantaba mirar las noticias vespertinas con mi mamá. Algo peculiar, lo sé. No a muchos de mis compañeros les interesaba más Dan Rather que Dan Aykroyd, pero a mí sí. Y entonces, tan pronto como entré en la escuela secundaria, me inscribí en una clase de periodismo. Esto me llevó a conseguir un puesto como reportera —y luego como editora deportiva— para el periódico de nuestra escuela.

En su mayor parte, me concentré en cubrir los partidos de fútbol o tenis. De vez en cuando, escribía un artículo sobre el «atleta de la semana» que anotara la canasta ganadora de tres puntos o quedara en primer lugar en la competencia de gimnasia del distrito. Pero una vez, el jefe de redacción del periódico me pidió que escribiera un artículo para la página de opinión. Esta es la página editorial donde das tu opinión sobre un tópico en un ensayo original.

Al principio, quise rechazar la propuesta cordialmente. Estaba mucho más familiarizada con los promedios de bateo, los porcentajes de gol en la cancha, o los puntos combinados en una competencia de natación. No estaba segura de si quería compartir mi opinión con todo el mundo, *es decir, con la escuela*. Después de todo, ¿qué tal si alguien no estuviera de acuerdo con mi opinión? ¿Y si la rechazaran? Sin embargo, el editor continuó insistiéndome, así que finalmente acepté y empecé mi proyecto.

Decidí escribir sobre lo que creí que sería una columna no controvertida: un homenaje a un estudiante atleta que había fallecido recientemente de cáncer. Él era alguien querido por sus compañeros al igual que por sus maestros. Tenía una personalidad agradable, un comportamiento motivador y había alcanzado cierto éxito como atleta. Pasé los días siguientes escribiendo y reescribiendo, hasta que terminé mi ensayo. Estaba programado para salir en el próximo número del periódico de la escuela: *The Comet's Tale* [El cuento del cometa]. (Un nombre inteligente para nuestra publicación, ya que el equipo deportivo de la escuela se llamaba los Cometas).

Al principio, el artículo recibió una respuesta abrumadoramente positiva. Los compañeros me detenían en el pasillo para decirme cuánto les había gustado. Algunos maestros me comentaron cuán conmovedor había sido el homenaje. Incluso fui nominada a un premio de periodismo por la mejor editorial del año en la red de periódicos escolares de mi estado. Estaba en el séptimo cielo. Recordando a Sally Field en su famoso discurso de aceptación, mi mente dedujo: *les gusto. ¡Realmente les gusto!* Pero en poco tiempo, mi burbuja estalló, lanzando mi confianza hacia la tierra como un cometa precipitándose desde el cielo.

Una tarde, el jefe de redacción recibió una carta de una de las compañeras de último año de la clase del atleta fallecido. Había sido una amiga muy cercana y nada la detuvo al expresar su opinión.

Había una pequeña frase en el artículo con la que no estaba de acuerdo. Cuando describí el impacto que este estudiante atleta había tenido en la escuela, lo hice más o menos desde un ángulo que suponía que todos sabían quién era. Sin embargo, nuestra preparatoria tenía casi dos mil estudiantes, de modo que tal vez había algunos que no estuvieran familiarizados con su nombre. Por lo tanto, al comienzo de una oración, escribí una frase que decía algo así: «Quizás ni siquiera sabes quién fue _____ [nombre del estudiante], de modo que es posible que estés pensando: "¿Por qué tendría que importarme esto a mí?". Importa porque un miembro de nuestra familia Cometa se ha ido». Creí que era una manera simple de incluir a aquellos lectores que no lo conocían y que podría no interesarles el tema del artículo. Jamás soñé que esto haría enfurecer a alguien. Estaba equivocada.

La amiga del atleta sostuvo que era una falta de respeto decir de una persona fallecida que tal vez era «un don nadie a los ojos de algunos estudiantes de la escuela». Por supuesto, nunca dije que era un don nadie. Solo señalé que quizás algunos de los lectores no habían oído hablar de él. Sin embargo, el corazón afligido de esta chica interpretó que lo había llamado un don nadie.

El jefe de redacción no parecía muy preocupado por el rechazo de esta estudiante. Después de todo, la carta solo fue firmada por una persona. No era una petición. No obtuvimos ningún otro comentario negativo. No obstante, aquí estoy, décadas más tarde, y cuando pienso en ese artículo, lo que recuerdo no es que los maestros y la mayoría de los estudiantes pensaran que era conmovedor y estaba bien redactado. Ni siquiera recuerdo la nominación al premio editorial estatal. No. Mi cerebro, con la precisión de un rayo láser, se centra en que una sola persona de casi dos mil no lo aprobó.

Aquello que había temido se hizo realidad. A alguien no le gustó mi escrito. El temor de ser criticada, o incluso condenada, me impidió escribir artículos de opinión durante los siguientes años, a pesar de que los periodistas experimentados me explicaron que sin importar lo que escribas, al menos alguien —y a veces hasta la mitad de tus lectores si fuera un artículo sobre política— iba a estar en desacuerdo contigo. Quería caer bien. Todo el tiempo. Y cualquier indicio que tuviera de que a alguien no le gustaba mi trabajo era suficiente para editar el gozo del arte de escribir.

Años más tarde, el mismo escenario tendría lugar en diferentes ámbitos de mi vida. Cuando comencé por primera vez mi ministerio como conferencista, los coordinadores del evento a menudo reunían los comentarios de los asistentes. Los compilaban en un correo electrónico y me los enviaban. Recuerdo un evento en particular por el cual recibí sesenta y siete comentarios. Sesenta y seis de ellos eran brillantes y positivos. Sin embargo, una breve frase en el comentario sesenta y siete decía que la asistente no creía que yo hubiera presentado ninguna idea nueva en mi taller práctico sobre la organización en el hogar y que hubiera deseado haber asistido a una sesión temática diferente. Otra vez, ¿qué comentario se adhirió a mi cerebro? Sí. El único que contenía una crítica.

Cuando era una mamá joven, estaba encargada de planificar excursiones para nuestro grupo cooperativo de educación en casa. En una reunión de fin de año, cuando todos discutían qué salidas habían valido la pena, tomando en cuenta tanto el punto de vista educativo como el de diversión, media docena de personas mencionaron la que yo había planeado. Sin embargo, cuando una de las mamás expresó que a sus hijos no les interesó mucho esa excursión, y ella creía que no debía repetirse el año siguiente, mi ánimo se desplomó.

No sé de dónde rayos me aferré a la noción de que podía tener un promedio de bateo del cien por ciento en todos los proyectos que emprendo. En lugar de tomar el comentario no tan positivo con calma, entendiendo que no se puede complacer a todas las personas todo el tiempo, me volví emocionalmente alérgica a hacer cualquier cosa que implique un foro público de opiniones. Y una vez más, cuando había algún comentario negativo, erróneamente deducía que había fracasado. Para mí, complacer al 99,99 % de las personas todavía era un fracaso rotundo. Ese 0,01 % sostenía las riendas que estaban atadas a mis emociones, capaces de arrastrar a mi corazón y hacer que mi confianza cayera cada vez que se tiraba de ellas.

El factor temor

En el centro de mi vacilación para expresar mis pensamientos, proyectos e ideas en el foro público estaba el temor. El miedo a la crítica. El miedo al rechazo. El miedo a ser malinterpretada. De hecho, creo que el temor está tan entrelazado en el hábito de la complacencia que es casi imposible definir la misma sin abordar la cuestión del temor. Tememos herir los sentimientos de los demás. Tememos que nos dejen a un lado. También podríamos tener miedo de *sobresalir*. Podemos dudar en cuanto a expresar nuestros verdaderos sentimientos por miedo a enfadar a alguien. El temor es casi omnipresente.

Y he aquí lo que sucede con el miedo al hombre. Si estás enredada en el miedo a lo que otros puedan pensar de ti, no puedes al mismo tiempo temer al Señor. De acuerdo, sé que la frase *el temor del Señor* puede ser bastante desconcertante. Lo fue para mí la primera vez que la escuché. Las palabras a menudo se extraen de las Escrituras y se utilizan de tal manera que dejan a muchas personas preguntándose exactamente qué significan.

Algunos tienen la impresión de que Dios está allí afuera para atraparlos; de que deberían estar aterrorizados de él, porque es una deidad despiadada que busca golpearlos con situaciones terribles tan pronto se pasen de la raya. No obstante, eso no es en absoluto lo que significa temer al Señor. Exploraremos un poco más adelante exactamente la definición de esta frase y cómo, si en verdad tememos a Dios, podemos dejar de temerles a los hombres. Sin embargo, por ahora consideremos de qué —o mejor dicho de quién—tienes miedo y por qué.

Mi verano de «lo necesario y de no» no solo erradicó algunas tareas y responsabilidades de mi vida, reduciendo mi nivel de estrés, sino que además me proporcionó más espacio en mis días para pensar sobre qué me había traído a este lugar inquietante. Fui liberada para tomar algunas decisiones que en el futuro me impedirían dejar una marca allí de nuevo, llevándome de regreso a ese lugar miserable.

De pronto me di cuenta de que no me gustaba agradar a las personas, sino que en realidad les tenía miedo. Tal vez no temía que me fueran a hacer algo que me dañara físicamente, pero sí lo que pudieran pensar de mí. O tenía miedo de lo que pudieran contarles a otros sobre mi persona. O miedo de parecer incompetente ante sus ojos. O miedo de decepcionarlos.

Los escritores de la Biblia no se andaban con rodeos con respecto a este tipo de comportamiento. Lo llaman el temor al hombre (en algunas versiones de la Biblia aparece como «el temor humano») y nos advierten que es una trampa (Proverbios 29:25). Seguramente sabes la definición de la palabra *trampa* en español. Significa un «artificio de caza», por lo general para atrapar a un animal. (Como la molesta ardilla que insiste continuamente en encontrar la forma de hacer su nido en el ático de mi hija. ¡Por desgracia, esa trampa no está funcionando bien y la criatura sigue regresando!). Sin embargo, la palabra *trampa*, tal como se utiliza en esta porción de la Escritura, conlleva un significado que va más allá de la captura de criaturas.

En hebreo, el idioma original del Antiguo Testamento, la palabra que se tradujo al español como *trampa* es el término *moqesh*. *Moqesh* también se refiere a un artificio para la captura de presas, pero además transmite el concepto de cebo o señuelo.

Alude a un animal, objeto o persona que está provocando a otro animal o humano para que deje de hacer lo que esté haciendo y se involucre en una situación peligrosa debido al «premio» que está por delante. Y lo siguiente que sabes es que quedaron atrapados. Capturados. Cautivos. Y no se trata de una captura de una sola vez. Este atractivo cebo continuamente seduce, atrae y luego arrastra por la fuerza a su víctima.

¿Alguna vez fuiste tentada a decir algo que no quisiste decir? Ya sabes, a hacerle un cumplido falso a tu compañero de trabajo o a hablar pestes de la nueva y enorme estatua de jardín de tu vecina, que en realidad no te importa, pero con la cual sabes que ella está obsesionada. ¿Te sientes tentada a decir que sí a las peticiones cuando preferirías decir que no solo porque es más fácil que enfrentar la incomodidad de rechazar a la persona? ¿Has estado alguna vez en una situación en la que todos los presentes están hablando con entusiasmo sobre algo que no encuentras tan sobresaliente, pero te involucras en la conversación y afirmas que lo es? ¿Existe una relación en tu vida que toca tu cuerda sensible? Nunca quieres molestar a esta persona, porque una gran parte de su vida está llena de tristeza y no tienes interés en añadir más decepciones. Y tal vez lo peor de todo, ¿hay alguien con quien tengas una relación disfuncional y temes molestarlo, así que constantemente muerdes el anzuelo y cedes, solo para complacerlo?

Si respondiste de manera afirmativa a algunas de estas preguntas —o puedes pensar en otro escenario donde te sientes tentada a complacer constantemente a alguien— tú, mi amiga, estás atrapada en una *moqesh*. Y tristemente —pero en verdad— en muchos de los casos no solo tememos lo que otras personas pueden pensar, además de temer poder herir sus sentimientos, sino que en realidad tememos a los hombres más que a Dios.

Regresemos al libro de Gálatas. Aquí percibimos la preocupación de Pablo sobre cuán fácilmente sus amigos en esta congregación estaban cediendo a la intimidación espiritual de los judaizantes. Él les advierte acerca de caer en la trampa de esta presión popular, alegando que tal cosa los estaba lanzando a la confusión. En un momento, incluso llega a preguntar: «¿Quién los ha hechizado?» (Gálatas 3:1, NTV). Pablo se sentía seriamente preocupado al ver cómo sin ningún esfuerzo estos creyentes estaban siendo coaccionados a hacer y creer cosas que no estaban de acuerdo con Dios. Ellos habían colocado las opiniones de los hombres por encima de los caminos de Dios.

Resulta interesante profundizar aún más en las palabras y frases de Gálatas, extrayendo el significado de los términos griegos originales que se usaron para escribirlas por primera vez hace siglos. A fin de refrescar tu memoria, he aquí Gálatas 1:10 otra vez:

> ¿Qué busco con esto: ganarme la aprobación humana o la de Dios? ¿Piensan que procuro agradar a los demás? Si yo buscara agradar a otros, no sería siervo de Cristo.

La palabra griega para *agradar* es *areskó*. En esencia, significa «aceptar satisfacer a otro con el fin de obtener su aprobación, afecto o atención; cumplir con sus expectativas; servir voluntariamente». ¡Conocer esta definición completa hace que el versículo resalte mucho más que cuando se lee en español! La parte final de esta oración escritural añade una afirmación audaz: ¡si los gálatas estaban tratando de agradar a otros, no serían siervos de Cristo! No podemos tener ambas cosas cuando se trata de a quién estamos tratando de complacer. Solo podemos servir a un maestro.

La palabra griega para *siervo* en este pasaje es *doulos*. Un *doulos* era en efecto un siervo, obligado a asistir a un jefe durante un número determinado de años antes de ser liberado de su contrato. El significado griego de *doulos* también tiene otra faceta. Es la de ser una persona que se entrega totalmente a la voluntad de otro. ¡Vaya! Odio admitirlo, pero hay muchas veces que me entrego a la voluntad de alguien más en lugar de elegir con audacia y valor hacer lo que más le agrada a Dios.

Cuando nos enfrentamos a una elección entre hacer lo que Dios requiere o ceder a los deseos de alguien más, como seguidoras de Jesús debemos escoger servir a Dios. Ahora bien, por supuesto, si lo que alguien más desea está alineado con la voluntad de Dios, es totalmente diferente. No obstante, cuando sentimos esa punzada de tensión —esa atracción seductora y tentadora— debemos elegir agradar a Dios por encima de apaciguar a las personas y determinar hablar con verdad mientras intentamos evitar herir los sentimientos de alguien más.

Este patrón repetitivo de ser tentadas a dejar que otros tomen las decisiones en lugar de decidir lo que Dios quiere que hagamos no es solo un problema menor. Para algunas, es algo que nos tiene entre la espada y la pared. Por desgracia, se ha convertido en un comportamiento compulsivo, un anhelo de la aprobación y el aplauso de los demás. ¿Cómo rayos terminamos atrapadas en este comportamiento humano dañino? ¿Cuándo nos convertimos en adictas a la aprobación?

¿Cómo me convertí en adicta a la aprobación?

No nos volvemos adictas a la aprobación de la noche a la mañana. Esto comienza poco a poco, como una bola de nieve, dejando al alma adicta a merced de la sustancia, la persona o el comportamiento que ahora está tomando todas las decisiones.

El diccionario Merriam-Webster define adicción como «una fuerte inclinación a hacer, usar o disfrutar de algo de manera repetida».[1] La mayoría de nosotras estamos familiarizadas con adicciones comunes sobre las cuales oímos en nuestra cultura, tales como la dependencia del alcohol, sustancias ilegales, analgésicos recetados, sexo y cosas por el estilo. Sin embargo, también es cierto que podemos volvernos adictas a las opiniones y la aprobación de los demás.

Con el tiempo, desarrollamos una fuerte inclinación a comportarnos de una manera que nos da una sensación cálida de aprobación: un sentido de aprecio, aprobación y pertenencia. O nos aseguramos de no hacer algo que invoque una respuesta contraria: el descontento de alguien más. A pesar de que podemos sufrir las consecuencias de nuestras maneras de agradar a los demás, parecería que no podemos dejar el hábito. Y, lo creas o no, en verdad existe un aspecto científico para explicar nuestra adicción a la aprobación. Este se centra en un elemento conocido como dopamina.

Esta sustancia conocida como dopamina la descubrieron en 1958 Nils-Ake Hillarp y Arvid Carlsson en el Instituto Nacional del Corazón de Suecia. Se trata de un neurotransmisor que el cerebro produce cuya función principal es actuar como un mensajero químico entre las neuronas. Se libera cuando tu cerebro anticipa una recompensa de algo placentero. Solo la anticipación misma de una experiencia agradable es suficiente para aumentar tus niveles de dopamina. Puede ser una determinada comida, ir de compras, el afecto de alguien significativo o cualquier cosa que uno disfrute, incluso los elogios y la validación de los demás.

He aquí cómo funciona. Digamos que tu postre favorito es el pastel de zanahoria con glaseado de queso crema espeso. Tu cerebro registrará esta preparación con placer. Incluso aumentará la producción de dopamina cuando estés rallando las zanahorias y mezclando la masa en un tazón. Esta producción de dopamina aumentará más aún cuando huelas el pastel en el horno. ¡Tu nivel de dopamina podría incrementarse aún más si hueles un aceite con fragancia a pastel de zanahoria que fluye de tu difusor! Cuando finalmente llega el momento de devorar tu postre exquisito, la oleada de dopamina actúa como un refuerzo de este antojo. Y el placer que sientes de esta oleada te obligará a asegurarte de que te satisfagas en el futuro con más de este delicioso plato. Este proceso y nuestra respuesta son un círculo constante de motivación, recompensa y, por último, refuerzo.

Psychology Today [Psicología hoy] dice lo siguiente sobre esta poderosa sustancia:

La dopamina hace que quieras, desees y busques. Aumenta el nivel general de excitación y el comportamiento dirigido a objetivos. La dopamina nos hace curiosos acerca de las ideas y alimenta la búsqueda de información. La dopamina crea ciclos de búsqueda de recompensa en el sentido de que las personas repetirán un comportamiento placentero, desde revisar Instagram hasta tomar drogas.[2]

Por lo tanto, podríamos pensar que nos conducimos instintivamente por un camino que nos trae la aprobación o las aclamaciones de otros porque es solo un hábito agravante que hemos adoptado. No obstante, en realidad, algo químico sucede en nuestro cerebro que nos impulsa con fuerza a tal conducta recurrente.

Ahora bien, no quisiera darle a la dopamina una mala reputación. En efecto es una sustancia necesaria y una molécula que nos hace completamente humanos. Sin embargo, los psicólogos afirman que hay formas naturales de aumentar nuestro nivel de dopamina que podría ayudarnos a evitar este ciclo de búsqueda de placer en el que nos encontramos atrapadas. Los niveles de dopamina aumentan cuando nos ejercitamos, tenemos un sueño reparador y consumimos alimentos ricos en magnesio, tales como los granos integrales, semillas, nueces y judías secas. Asimismo, muchos expertos en el campo de la neurociencia sostienen que nuestro nivel de dopamina aumenta cuando pasamos tiempo en oración o meditación. Mientras más elevados sean nuestros niveles de dopamina producidos por estos hábitos saludables, menos serán nuestras posibilidades de que nos encontremos buscando un aumento de ella a partir de una adicción a una sustancia o una respuesta positiva por parte de los demás.

Entonces, ¿cómo salimos de esta rueda de hámster giratoria: yendo detrás de la aprobación, sintiéndonos mentalmente fantásticas cuando por un momento la hallamos, y luego repitiendo este mismo patrón, pero sin lograr reconocer que el placer a corto plazo está de hecho añadiendo a la miseria en nuestras vidas?

Aprendemos a reemplazar el temor de los hombres por el temor de Dios. No obstante, ¿qué significa exactamente temerle?

Al estudiar este tópico, me resultó curioso que existen dos palabras en la Biblia para hablar sobre el temor: *charadah* y *yirah*. *Charadah* describe a una persona que reacciona con inmensa ansiedad o temblando con gran temor. *Yirah* se define como responder con extrema admiración y considerada reverencia. Y, sí, adivinaste. La primera palabra se utiliza cuando se describe el temor a los hombres, pero la segunda se usa cuando hablamos del temor del Señor.

El temor del Señor es un temor saludable. Es reverenciar a Dios lo suficiente como para obedecer sus mandamientos, sintiendo una admiración extrema por él y tratándolo con el más alto respeto. No hay nada aquí que insinúe tener miedo de lo que él pueda llegar a hacer o estremecerse y acobardarse ante la idea de irritarlo tanto que podría desencadenar un terrible acontecimiento dirigido directamente a nosotras.

Es el temor a los hombres el que produce la ansiedad en nuestras mentes, miedo en nuestros corazones e incluso temblor en nuestros cuerpos. La aprensión dañina nos hace estar a merced de la persona de la que tenemos miedo. Sin embargo, tener un respeto apropiado y temor de Dios no nos causará tal sufrimiento emocional ni físico. Nos conducirá a un lugar de confianza, incluso de felicidad, cuando aprendamos a obedecer sus órdenes aun en aquellos momentos en los que estas podrían molestar a otros.

Agrada a Dios, no a los demás

Mi amiga y su esposo se embarcaron en una gran aventura. Ellos sintieron el llamado de Dios a convertirse en una familia de acogida, recibiendo a niños que atraviesan por situaciones familiares difíciles y regalándoles un lugar seguro para crecer y prosperar. Incluso esperaban adoptar de forma permanente a uno o dos niños si se les presentara la oportunidad.

Completaron los formularios correspondientes y fueron aprobados. Cuando me encontré con ella para tomar un café una tarde, esperaba que saltara de emoción y tal vez mostrara un poco de aprensión. Sin embargo, para lo que no estaba preparada era para oír la historia que me contó entre lágrimas.

Mi amiga y su esposo les habían contado a los padres de ella lo que su familia estaba a punto de hacer. Sabía que era probable que les hicieran algunas preguntas, ya que el cuidado adoptivo era algo que nadie en su familia extendida había hecho. No obstante, lo que ella no estaba anticipando era un desaliento absoluto. Sus padres mencionaron todo lo que podía salir mal. Transmitieron, en términos inequívocos, no solo su disgusto por la decisión, sino también su falta de apoyo. Le dijeron a la pareja que repensaran su decisión, porque estos familiares que los criticaban estaban seguros de que iban a tomar la decisión equivocada.

Se me destrozó el corazón por mi amiga. Lo que ella y su esposo intentaban hacer era una obra desinteresada y compasiva. Iban a necesitar todo el apoyo posible, no solo de manera tangible, como que les llevaran comida y los ayudaran a comprar productos para los niños, sino también emocional. ¡Cuán devastador fue para ellos descubrir que quizás no puedan contar con tal apoyo de esta parte de su familia!

La dejé hablar. Luego, con un abrazo y mis palabras, le prometí que su familia definitivamente podía contar con nosotros para lo que necesitara. No obstante, una vez que terminamos nuestro encuentro, su alma todavía estaba desanimada. Sin embargo, de manera sorprendente, cuando nos reunimos más tarde ese mes, su semblante y su confianza habían cambiado. Ella había adquirido una visión tranquila y renovada acerca de convertirse en padres adoptivos. Yo tenía tanta curiosidad que tuve que preguntar qué había sucedido.

Mientras luchaba con sus emociones hechas añicos, buscó al Señor de manera diligente. Después de algunos días de orar y leer la Palabra de Dios, había descubierto una nueva perspectiva, una conclusión que podría resumirse en una simple oración. Me miró y con confianza declaró: «Finalmente, me di cuenta de que no necesito el permiso de ellos para hacer la voluntad de Dios».

¡Vaya! ¡Qué declaración tan poderosa!

Al principio, sus prioridades no estaban en orden. Le importaba más lo que sus padres pensaran de su decisión que lo que ella y su esposo habían discernido de manera inequívoca que era la voluntad de Dios para este tiempo de sus vidas. Cuando dejó de poner a estas personas en el lugar de Dios, estuvo más dispuesta a lidiar con cualquier resultado desagradable.

Elevar las opiniones humanas por encima de las de Dios era algo que ella decidió dejar de hacer. No fue fácil, pero perseveró. Ella y su esposo no solo se convirtieron en unos padres de acogida fabulosos, sino además que terminaron adoptando a un par de niños que estaban adentro del sistema. Y con el tiempo —y afortunadamente— estos abuelos se les unieron, amando y tratando a estos niños recién adoptados de forma similar a los nietos biológicos. Cuán trágico habría sido si hubieran permitido que la reacción inicial de los padres de ella dictara su decisión en lugar de obedecer lo que sentían que Dios los estaba llamando a hacer.

A menudo, pienso en la declaración de mi amiga aquel día, sobre todo porque me tomó por sorpresa cuando la escuché pronunciarla. Pensé en las muchas maneras en que había cambiado a Dios por otras personas en mi vida, poniéndolos en su lugar de autoridad; preocupándome más por lo que pensaban de mí que por lo que sabía que Dios me estaba llamando a hacer. La pregunta es: ¿tendré el valor para dejar de actuar así?

No se requiere aprobación

En el apogeo de la pandemia del coronavirus, nuestro hijo de veintidós años tuvo que regresar repentinamente a Estados Unidos desde Australia, donde había estado viviendo con una visa de trabajo de un año. Decidimos alquilarle una habitación por unos meses hasta que pudiera dar su siguiente paso en la vida, ya que vivir en la tierra del sur se había interrumpido abruptamente.

Pronto notamos que la correspondencia dirigida a su nombre estaba llenando nuestro buzón. Como miembro de la generación Z, se convirtió en un cliente potencial para casi todas las compañías de tarjetas de crédito existentes. Muchas de estas compañías se jactaban de una tasa de interés de bienvenida del cero por ciento en los primeros seis meses y ninguna tarifa anual. La mayoría también tenían estas palabras impresas en el exterior del sobre en llamativas letras mayúsculas: NO SE REQUIERE APROBACIÓN.

Ahora bien, si tan solo nosotros los creyentes entendiéramos este concepto y lo pusiéramos en práctica en nuestras interacciones con los demás. No necesitamos la aprobación de otros. Es totalmente innecesaria. Ya hemos obtenido la mayor aprobación de todas, la de ser un hijo del Dios Altísimo.

En 1 Corintios 7:23 se declara: «Ustedes fueron comprados por precio. No se hagan esclavos de los hombres» (NBLA). Ya hemos considerado este término *esclavo* de manera superficial, la palabra *siervo* (*doulos* en griego). Se trata de alguien que se entrega por completo a la voluntad de otra persona. Ser alguien complaciente es como ser una marioneta, controlada por la voluntad de otro hombre en lugar de someterse al verdadero Maestro, Dios mismo.

Este versículo nos da una razón convincente de por qué no debemos convertirnos en esclavas de los hombres. Es porque fuimos compradas por un precio, refiriéndose al precio final que Cristo pagó cuando entregó su vida como rescate, tomando nuestro lugar en la cruz. Si queremos darle una descripción precisa del evangelio al mundo que nos observa, debemos vivir para aquel que compró nuestro lugar en la eternidad en lugar de servir a los que nos rodean, los cuales pueden presionarnos o culparnos para que hagamos lo que ellos desean.

Sin embargo, entiendo la lucha en nuestros corazones para capitular ante los anhelos y deseos de los demás; créanme, la conozco. A lo largo de mi infancia y durante la mayor parte de mi vida adulta a menudo permití que los deseos de agradar a los demás dictaran mi comportamiento.

Podemos actuar de este modo porque llevamos la bondad más allá de sus límites y conjeturamos erróneamente que agradar a todos todo el tiempo es bueno y piadoso. O quizás el miedo a los demás nos ha presionado tanto durante tantos años que seguimos accediendo por puro hábito. O nuestros cerebros pueden estar ansiando continuamente esa oleada de dopamina y nos sentimos impotentes para romper el ciclo. Cualquiera sea la razón por la que estamos atrapadas en el torbellino de la complacencia, en el fondo sucede lo siguiente: *todas nos sentimos tentadas a devorar las mentiras cuando nuestros corazones son infelices y nuestras almas están hambrientas.*

Cuando no logramos encontrar nuestra satisfacción solo en Dios y en servirle, no somos capaces de alcanzar el estado mental verdaderamente satisfecho que anhelamos y se nos promete en la Escritura; la condición bendita y feliz de la que leemos en nuestras Biblias. Esto deja nuestro corazón hambriento de aquello que solo Jesús puede ofrecer. Nuestros corazones solo hallarán verdadera satisfacción cuando encuentren su hogar en él. (Esto es básicamente una cita de San Agustín, sin la antigua jerga inglesa).

Segunda Timoteo 1:7 dice: «Pues Dios no nos ha dado un espíritu de temor y timidez sino de poder, amor y autodisciplina» (NTV). Aprovechemos este espíritu de valentía, empleando su poder, amando en verdad a las personas al ser sinceras con ellas, y disciplinando nuestras mentes para escoger el temor del Señor sobre el miedo a las opiniones de los demás. No debemos permitir que reine la timidez. Podemos caminar erguidas —y con integridad— sabiendo que el temor del Señor nos conduce a la sabiduría y nos brinda conocimiento.

¿Te atreverás a convertirte en la «decisora principal» de tu vida, que toma las decisiones basadas en lo que Dios quiere que hagas en lugar de en lo que las personas desean? Debemos ser dueñas de nuestra existencia. Nuestra vida se compone de nuestras acciones. Estas últimas son el resultado de nuestros pensamientos, los cuales se forman cuando respondemos ante el comportamiento de los demás. Y nuestras respuestas tienen que estar alineadas con la Palabra de Dios, que se manifiesta con confianza y no con timidez.

Quizás es hora de que dejemos de asignarle el valor equivocado a los demás, otorgándoles poder sobre nuestras emociones. Por supuesto, vamos a necesitar pasar el resto de nuestras vidas interactuando con otros y navegando a través de las relaciones. Sin embargo, no debemos temerle a la difusión de opiniones que puedan tener lugar o las reacciones de otros cuando observen nuestras elecciones. ¡Ah, cómo desearía poder regresar a mi antiguo yo en tantas coyunturas de la vida y predicarle este sermón!

A mi yo de diecisiete años le aseguraría que no necesita ceder ante la presión de ser popular desobedeciendo la Palabra de Dios para encajar. La admiración será temporal, pero consumirá su alma y afectará su caminar con Jesús.

A mi yo de veintidós años de edad, recién casada, lo instaría a profundizar en la Palabra de Dios para descubrir las directivas en cuanto al matrimonio, en lugar de permitir que voces muy vocales lo intimiden a adoptar como doctrina los cincuenta y dos principios de los maestros sabelotodo, reclamando que fueron tomados directamente de la Escritura y que constituyen la única manera de Dios de comportarse como esposa.

A mi yo de veintisiete años lo animaría a no andar detrás de las otras mamás de pequeños de la iglesia que vivían conforme al mismo libro de crianza, promocionado como la Biblia literal del comportamiento sobre cómo hacer todo, desde conseguir que el bebé duerma durante la noche hasta que haga caso la primera vez que se le pide; y al manual de referencia sobre la lactancia mejor que el biberón, la tela mejor que los desechables y los orgánicos caseros mejor que alimentos listos para llevar desde los estantes del supermercado. Le diría que si alguien no quisiera ser su amiga por el simple hecho de que cría a sus hijos de manera diferente, quizás no era una amistad que necesitara después de todo.

A mi yo de treinta y tres años en el supermercado, que está siendo castigado por la esposa del pastor de personalidad franca y combativa, le diría que solo porque esa mujer cree que está mal comprar los refrescos de zarzaparrilla en botellas de color marrón oscuro, ya que podrían confundirse con la cerveza, no tiene que preocuparse por hacer que alguien caiga en una vida de alcoholismo. No regreses el paquete de seis. En cambio, toma un poco de helado de vainilla y vuelve a casa a invitar a tu familia una ronda de refrescos de zarzaparrilla con helado.

A mi dulce yo *de justo la semana pasada* le recordaría que no necesita el permiso de esa persona para hacer la voluntad de Dios. Sigue adelante con confianza, buscando agradar a Cristo, no a la persona que acaba de poner de manifiesto sus opiniones demasiado exageradas en tus mensajes privados.

A mi actual yo, que tiende a ser influenciado con facilidad por las personas que parecen superespirituales, le diría que deje de confundir el consejo de otro creyente —aunque pueda parecer piadoso y prudente— con la voluntad de Dios. Tú tienes tanto acceso al Padre y a la Escritura como ellos. Los creyentes no son Dios. No *siempre* tienen razón. Otros cristianos pueden ser serviciales, pero no son a prueba de errores.

Tenemos que procurar la aprobación del Señor en lugar de buscar el respaldo de los demás. Esto no siempre será fácil, no solo porque a veces les tememos a los hombres más de lo que le tememos a Dios, sino también porque todas nosotras tenemos una amalgama de personas en nuestras vidas que está compuesta por diversos tipos de personalidades. Es hora de que les demos un vistazo a estas diversas personalidades para aprender cuál es la mejor manera de tratar con ellas a fin de que ya no tengan las llaves de nuestra felicidad.

Apuesto a que reconocerás a una o dos clases de personas (¡o a tres o a cuatro!) a medida que exploremos los distintos tipos de personalidades que se erigen como los dueños de las marionetas, tratando de tirar de las cuerdas para obligarnos a hacer su voluntad.

Sin embargo, no temas. Si nos equipamos con algunas estrategias y todo el poder de Jesús, podemos aprender a cortar las cuerdas y vivir con confianza complaciendo a Dios, no a los hombres.

Me temo que no

Una búsqueda rápida en línea sobre el *temor del Señor* nos revelará al menos veinticinco versículos, dependiendo de la traducción de la Biblia que utilices. He aquí algunas referencias sobre el temor del Señor, lo que significa y lo que hace por nosotros.

- **Proverbios 9:10** — «El comienzo de la sabiduría es el temor del Señor; conocer al Santo es tener discernimiento».

  En muchos casos, el temor del Señor está directamente vinculado al concepto de sabiduría y conocimiento. La palabra hebrea para *sabiduría* en el Antiguo Testamento a menudo se refiere a la habilidad en el trabajo o la batalla militar, la astucia en el trato con las personas, o la prudencia para abordar los asuntos religiosos.

- **Proverbios 1:7** — «El temor del Señor es el principio del conocimiento; los necios desprecian la sabiduría y la disciplina».

Este versículo afirma que el temor de Señor es el «principio» del conocimiento. ¿Qué se entiende exactamente por principio?

La definición hebrea no solo hace referencia al punto de partida, aunque un lugar de partida ciertamente está implícito. La palabra *principio* aquí también significa «lo más selecto, de mejor calidad, lo más importante», como en los primeros frutos de una cosecha.

- **Salmos 112:1** — «Dichoso el que teme al Señor, el que halla gran deleite en sus mandamientos».

  Cuando le tememos al Señor, la Escritura nos llama dichosas. (Y dime, ¿quién no quiere ser dichosa?). El término hebreo *esher* en el Antiguo Testamento (traducido como *dichoso* en español) significa «¡muy feliz!». Temer a Dios, en lugar de tratar incansablemente de hacer felices a los hombres, al final nos traerá gozo si seguimos sus mandamientos sobre los deseos de los demás.

- **Proverbios 14:2** — «El que va por buen camino teme al Señor».

  Ir por el buen camino en este versículo significa «andar de manera correcta, honesta y con gran integridad». Contrasta eso con la gente complaciente, que a veces está ligeramente recubierta de falsedades, ya que decimos lo que sentimos que la otra persona quiere oír. Cuando hacemos eso, nuestra integridad podría dañarse.

- **Salmos 34:11** — «Vengan, hijos míos, y escúchenme, que voy a enseñarles el temor del Señor».

  ¿Lo has captado? El temor del Señor debe aprenderse. Es posible que no surja en nosotros de forma natural, pero podemos ser enseñadas. Con un poco de ganas, podemos adquirir la capacidad de temer al Señor.

Capítulo 3

Los insistentes, los que hacen pucheros, los bombarderos de culpa y los que tratan de tomar las decisiones

Procurando complacer a todos, en realidad él no había complacido a nadie.

—ESOPO, *LAS FÁBULAS DE ESOPO*

Al contrario, hablamos como hombres a quienes Dios aprobó y les confió el evangelio: no tratamos de agradar a la gente, sino a Dios, que examina nuestro corazón.

—1 TESALONICENSES 2:4

Soy una fanática de los test de personalidad. Me fascinan. A pesar de que no creo que sea sabio elevarlos por encima de la Escritura, la cual enseña que Jesús puede ayudarnos a superar los defectos de nuestra personalidad y los patrones de comportamiento, considero que pueden ser un recurso útil para entender por qué nosotros —o nuestros seres queridos o colegas— pensamos, reaccionamos o nos comportamos de cierta manera. Por lo tanto, los he estudiado devotamente a lo largo de los años, buscando pepitas útiles mientras debatía e ignoraba cualquier concepto contrario a la Biblia que pudiera encontrar.

Tuve mi primer acercamiento al concepto de los tipos de personalidades en la preparatoria, guiada por un miembro del personal de nuestra iglesia. Ella me hizo afilar mi lápiz Ticonderoga #2 —aún mi lápiz de preferencia hoy— y comenzar. Después de completar con mis respuestas todas las líneas punteadas de las páginas, descubrí según la evaluación DISC que soy del tipo de personalidad «I». DISC es un acrónimo que se refiere a un test de personalidad presentado por el psicólogo estadounidense Dr. William Marston hacia finales de la década de los veinte.

La *D* significa dominante. Estas personas resuelven problemas de manera directa y decisiva y asumen riesgos. La *S* significa serenidad. Tales personas son jugadoras de equipo confiables. También leales y obedientes. Cuando te encuentras con una *C* en tu evaluación DISC, descubrirás a alguien que es concienzudo, detallista y analista sistemático, una persona que valora la calidad y la exactitud. La letra *I* denota a alguien que es influenciado. Este tipo de personalidad es entusiasta, incluso magnético, y desea enormemente la aceptación y el aprecio social.

Más tarde, realizaría más evaluaciones y revelaría más resultados. Según el indicador de tipo Myers Briggs, soy lo que se conoce como un *cónsul*. La sigla utilizada para describir a tales personas es ESFJ (extraversión, sensación, sentimiento [*feeling*] y juicio). Son atentos, centrados en las personas, y disfrutan de participar en la comunidad social. También descubrí hace poco que soy un 3 a la 2 según el indicador del Eneagrama, que es una combinación de un triunfador (3) y un ayudante (2) y al que a veces se hace referencia como el Encantador, alguien que progresa tanto al hacer las cosas como al ayudar a los demás.

Bueno, no se necesita tener un título en psicología para darte cuenta de que alguien con mi tipo de personalidad probablemente luche con el anhelo de la aprobación de otros en detrimento de su propia paz mental. Sin embargo, las personas complacientes no solo vienen en una sopa de letras y una combinación de números como I-E-S-F-J-3-A-2 como yo. Son generosos. Perfeccionistas. Pacificadores. Rescatistas. Ayudantes. Amantes. Hacedores detrás de escena. Por muchas razones hacemos lo imposible por otros, siempre conscientes de que nos infligiremos dolor en el proceso.

He llegado a analizarlo de esta manera: a muchas de nosotras nos agrada complacer a los demás, pero algo en nuestra personalidad que es una fuerza evidente puede transformarse en una debilidad destructiva cuando se le lleva a un extremo. He aquí algunos ejemplos.

Quizás seas una pacificadora. Puedes ver todos los lados de una situación o un argumento. Anhelas la armonía en las relaciones a tu alrededor, ya sea en el trabajo o el hogar. De hecho, a veces otros te buscan por tu agudo sentido de la justicia y tu habilidad para traer calma a lo que de otra manera podría ser una situación volátil. ¡Qué fortaleza es tener las habilidades de alguien pacificador! Es decir, hasta que se lleva a un extremo y todo se sale de control. Debido a que los pacificadores anhelan la paz, no les gusta agitar las aguas. O echarle leña al fuego. O causar algún ruido mientras caminan en puntas de pie. Por lo tanto, podrían tener la tendencia de no elevar su voz y decir lo que piensan. A menudo, ceden solo para llevarse bien. Su personalidad de ir con la corriente a veces los encuentra siendo arrastrados por la marea causada por la fuerte personalidad del individuo al que tienen miedo de molestar.

Veamos a la persona dadivosa. ¡Qué personalidad generosa y centrada en los demás tienen estas queridas almas! Siempre hacen un esfuerzo extra. A menudo son extravagantemente generosas detrás de escena. Se preocupan mucho por el bienestar y las necesidades de los demás, las cuales están siempre presentes en el centro de sus mentes. No obstante, a veces al dadivoso se le exprime demasiado, extrayendo cada onza de su corazón y su alma. Cuando su generosa personalidad no es controlada por medio de limitaciones físicas y emocionales, pueden cruzar la línea con facilidad. Tal vez lleguen a agotarse emocionalmente, dando y sirviendo más allá de lo necesario o incluso saludable. Y entonces, si sienten demasiada pena por sí mismos, pueden empezar a sentirse como un mártir.

Con tantas características fabulosas, casi siempre está la otra cara. Llevadas a un extremo, las personas pueden transmutar una fuerza en una debilidad: una debilidad que a menudo los deja deseando la aceptación y la aprobación de los demás a pesar de lo que en realidad puede ocasionarles. Aprender a lidiar con nuestras personalidades particulares y los obstáculos que se presentan en nuestras vidas debido a cómo fuimos creadas es un concepto importante a explorar.

No obstante, he aquí la cuestión. Sí, muchas de nosotras complacemos a las personas debido a nuestro tipo de personalidad. Sin embargo, a veces la «enfermedad de la complacencia» asoma su cabeza molesta porque llegamos a un punto donde permitimos que otros ocupen un papel en nuestras vidas que nunca debieron ocupar.

En su excelente libro, *Cuando la gente es grande y Dios es pequeño*, el autor Edward Welch presenta el concepto fascinante de cómo les otorgamos varias «formas» a las personas que forman parte de nuestras vidas. Él escribe:

> Notemos algunas de las formas o identidades que les damos a los demás:
> - *Las personas son bombas de gasolina que nos llenan.*
> - *Las personas son boletos hacia la aceptación y la fama.*
> - *Las personas son sacerdotes que tienen el poder de hacernos sentir limpios y bien.*

- *Las personas son terroristas. Nunca sabemos cuándo será el próximo ataque.*
- *Las personas son dictadores cuya palabra es ley. Están en completo control.*[1]

Me he observado a mí misma permitiéndole a alguien en algún momento interpretar cada una de esas formas en mi vida.

Exploremos ahora no solo las formas que otros asumen en nuestras vidas, sino también las personalidades que poseen; a todas esas personas que quieren que saltemos a través del aro que ellos mismos están sosteniendo y aterricemos al otro lado en el lugar exacto que han elegido para nosotras.

De modo que... dadivosos, pacificadores, encantadores, ayudantes y otras personas demasiado complacientes, ¿están listos? Conozcan a los insistentes, los que hacen pucheros, los bombarderos de culpa y los que tratan de tomar las decisiones.

En primer lugar, encontramos a los insistentes.

¿Por qué tan insistente?

Cuando me casé, los teléfonos celulares todavía eran torpes, es decir, no había aún «teléfonos inteligentes» con Internet y motores de búsqueda disponibles al toque de un dedo. Una tarde de otoño peculiar y tranquila, una amiga mía —que tenía una personalidad bastante dominante y corrosiva y cuyo lado malo nunca quise conocer— me llamó por teléfono. Quería saber qué compañía habíamos contratado recientemente para limpiar nuestras alfombras. Debido a que no podía enviarle un mensaje con el enlace como podemos hacer hoy, hice lo que creí que ayudaría. Le recomendé de buena fe el nombre de la empresa, una compañía local que había hecho un trabajo fabuloso. Una vez hecho eso, esperaba volver a mi tarde de quietud antes de comenzar con la cena para la familia. Sin embargo, esa no era la forma en que ella quería terminar la llamada. Lo que pensé que era una simple llamada telefónica con una respuesta fácil dio un giro directo hacia el viejo tira y afloja. Todo comenzó cuando hizo una pregunta en apariencia inocente: «¿Tienes por casualidad su teléfono a mano?».

Respondí su pregunta, afirmando que no lo tenía. Entonces —tratando de evitar la petición que de seguro se me presentaría— agregué que ella podía buscarlo fácilmente en la guía telefónica. Dio un suspiro y en mi mente, pensé: *¡aquí viene!* Y entonces, como incontables veces en el pasado, esta amiga insistente comenzó... bueno... *¡a insistir!*

Con un toque de frustración en su voz, manifestó que estaba arriba en su habitación y la guía telefónica se encontraba en el nivel inferior de la casa en un cajón en la cocina. Buscar el número telefónico ella misma le requeriría levantarse, dejar de hacer lo que estaba haciendo y bajar las escaleras para luego volver a subir en medio de lo que según afirmó había sido un «día de locos». Y así, anunció con confianza la solución a su dilema del número de teléfono. ¡Adivinaste! Sin más rodeos, de una manera que *parecía* como una sugerencia (pero, a decir verdad, no lo era, ya que su voz había adquirido de repente un tono ligeramente irritado), declaró: «¿No *puedes* buscarlo por mí?».

Bueno, claro que podía. No había ninguna ley que estableciera lo contrario en mi país, estado, condado, municipio, ni siquiera en la Asociación de Propietarios de mi barrio. Sin embargo, yo tampoco estaba cerca de la guía telefónica. Me encontraba en nuestro sótano recién terminado, disfrutando de un poco de tiempo a solas, leyendo un libro antes de regresar a mi propia vida alocada y ocupada. Para mí, tener que buscarla también implicaba subir y bajar escaleras —muchas gracias— ya que necesitaría ir arriba para tomar nuestro directorio telefónico del cajón de la cocina. Me gustaría decir que me mantuve firme y le dije que tendría que conseguir el número ella misma debido a que yo no tenía tiempo para buscárselo, lo cual era verdad. No obstante, debido a su fuerte personalidad «insistente» —y mi fuerte desagrado a cualquier tensión o conflicto— dejé lo que estaba haciendo y subí las escaleras.

Después de darle el número de teléfono y cortar la llamada, me sentí furiosa. Naturalmente, ella quedó al margen de este pequeño hecho. De lo que no me di cuenta entonces fue de que debía estar enojada *conmigo* misma, no con mi convincente amiga.

Aquellas personas en nuestra vida que se comportan de esta manera son los insistentes. Fuertes. Asertivos. Controladores. A veces son incluso un poco cáusticos o abiertamente combativos; capaces de utilizar sus palabras y expresiones faciales de un modo que da resultados. Te sabotean con sus *deberías*, tanto explícitos como implícitos, diciéndote lo que debes hacer y también cuándo debes hacerlo.

Hacemos su voluntad porque no somos lo suficientemente valientes para enfrentar su personalidad dominante. En especial si tenemos un alma delicada con un comportamiento tranquilo. Los insistentes consiguen lo que quieren porque son expertos en la intimidación y no tienen miedo de amilanar a otros si fuera necesario.

Sí, los insistentes insisten. Nosotras cedemos. Y complacemos y apaciguamos para salirnos de su camino, lo que resulta en que ellos siempre se salgan con la suya. Una y otra vez.

¿Por qué la cara larga?

Luego, tenemos a los que hacen pucheros. Estos son poderosos. No te obligan a comportarte de una manera determinada por medio de un comportamiento dominante. Juegan con tu simpatía y atraen tu atención porque sientes lástima por ellos. Su manera melancólica es altamente efectiva. Obtienen los resultados que quieren y te dejan bebiendo un cóctel de emociones revueltas: un poco de dulce satisfacción debido a que ayudaste a un alma necesitada mezclada con un toque de amargura al haber sido manipulada por su disposición lúgubre.

Hubo un tiempo no hace mucho cuando era constantemente manipulada por alguien experimentada en hacer pucheros. Tal vez conozcas a este tipo de personas. Es tu tía abuela Agatha, quien deja de sonreír cuando la familia extendida está planeando las próximas fiestas y al parecer la mayoría no quiere tener la Navidad familiar en su casa por tercer año consecutivo. Te das cuenta de su abatimiento a raíz de esta decisión. Puedes verlo en sus ojos. Sus hombros encorvados también dan una pista. «¿Te parece bien, tía Agatha, o esperabas que todos volviéramos a reunirnos en tu casa este año?», preguntas.

«Oh, no. Está bien. Todos hagan lo que quieran», dice con un suspiro. «Realmente no me importa. Solo que no me estoy volviendo más joven y no sé cuántas navidades más estaré con ustedes para celebrar la reunión».

Sus palabras dicen que está bien y que todos pueden hacer lo que quieran. Mientras tanto, su lenguaje corporal, sus expresiones faciales y la elección de sus palabras están *gritando* que realmente le importa *mucho* y acabas de aplastar sus sueños de Navidad como aplastas los bastones de caramelo con un mazo de madera para tu cobertura de menta navideña casera cada año.

La tía Agatha es capaz de llegar al corazón de los que toman las decisiones en el grupo. Ellos se dejan absorber por su remolino de tristeza y capitulan. Deciden que la fiesta será en su casa. Quizás sea más fácil dejarla salirse con la suya que lidiar con las consecuencias de su semblante caído y cualquier comportamiento de manipulación potencial en el futuro. Tal comportamiento podría incluir más comentarios para ganar simpatía o incluso conversaciones privadas cara a cara con los jugadores clave, lo que solo puede añadir al drama y hacer que todos sean miserables. Solo deja que se salga con la suya. Después de todo, normalmente lo hace, ¿por qué parar ahora?

Los que hacen pucheros saben cómo jugar con nuestras emociones. Y esta práctica a menudo les permite lograr sus propósitos. Sin embargo, ¿es eso siempre lo mejor para ellos? ¿Seguir dejándolos jugar a este juego los ayudará a que sus relaciones sean beneficiosas, piadosas y productivas? ¿O está esto contribuyendo a sus repetidos escenarios entristecidos, que los hacen ver a través de una luz negativa y traen disfunción a las relaciones que tienen?

Si bien podemos pensar que estamos aliviando la tristeza cuando cedemos ante una persona apenada, solo estamos acumulando un problema tras otro, tanto para nosotras como también para ellos.

Hazlos ceder con la culpa

Están los insistentes, los que hacen pucheros, y ahora siguen los bombarderos de culpa. Oh, cielo. Retrocede si tienes a uno de estos en tu círculo de amigos, en el cubículo de al lado en el trabajo, o peor aún, en tu familia. Podrías ser golpeada con un horrible «bombardeo» si no te agachas rápido.

Los bombarderos de culpa no nos controlan a través de su prepotencia, diciendo: «A mi manera o te marchas». No convierten sus sonrisas en ceños fruncidos, obteniendo simpatía y haciendo que todo sea sobre su felicidad. Estas personas astutas lanzan una granada de culpa en nuestro camino, haciéndonos sentir como si les debiéramos algo o insinuando sigilosamente que no estamos cumpliendo con nuestra parte.

Esta podría ser la amiga con la que de vez en cuando tomas un café, pero que nunca, jamás, se ofrece a pagar. Después de todo, ha hecho comentarios de pasada sobre sus ingresos limitados y que «debe ser bueno» tener un trabajo seguro con beneficios, ya que ella vive de contrato en contrato con su empresa de pintura para residencias. Te sientes culpable cuando salen juntas y entonces siempre pagas la cuenta.

¿O qué hay de la pariente que parece ser capaz de contar todos los años una historia triste cuando llega el momento de planificar el regalo grupal para la abuela por su cumpleaños? Las cosas siempre le van mal y está estresada por tener que trabajar tantas horas extras. Ella ha insinuado una o dos veces, tanto con sus palabras como con sus acciones, que probablemente tienes más tiempo libre, ya que eres una mamá que trabaja medio tiempo desde casa en lugar de jornadas completas como lo hace ella.

O qué tal esto: recientemente has llegado a conocer a otra madre que tiene una hija en el mismo equipo de sóftbol que tu estudiante de secundaria. Después de descubrir que viven a solo unas calles de distancia en barrios vecinos, comenzaron a compartir los viajes. Las cosas van bastante bien con esta estrategia, que les hace ahorrar combustible a las dos y también liberar un poco de tiempo cada semana para que hagas algo diferente que no sea llevar a adolescentes sudorosas.

Sin embargo, todo comienza a irse a pique cuando notas que la otra mamá empieza a ofrecer excusas que parecen legítimas de por qué no puede compartir su coche ese día. Y no solo son creíbles; también son excusas que te hacen sentir un poco de lástima por ella y luego culpable por pedirle que asuma la parte que le corresponde. Su madre está enferma y necesita que la lleven al consultorio del médico. Tiene un dolor de migraña agudo y necesita acostarse en un cuarto oscuro un rato. El depósito directo aún no ha llegado a su banco, así que no tiene los fondos para llenar el tanque de gasolina hasta mañana. Su cuñada disfuncional y criticona, por la que se siente muy intimidada, acaba de enviarle un mensaje de texto y quiere pasar por la casa en unas horas, así que necesita limpiar su casa… ¡y rápido! Con el fin de ser amable y complaciente, buscas a las chicas y las llevas a casa.

En cada una de estas situaciones, tu sentido de culpa se ha disparado. Tal vez tienes miedo de mostrarte insensible con respecto a su vida o su situación financiera. Y entonces, ¡*bum!*, otra bomba de culpa explota, sonríes por fuera y asumes la tarea, aceptando más responsabilidades de las que puedes manejar.

Esto no quiere decir que no pueda haber momentos legítimos en los que a alguien le surja una situación desafortunada y tú debas realizar un mayor esfuerzo para ayudarlos. (Descubre más acerca de los tiempos legítimos para complacer a los demás en el apartado al final del capítulo). No obstante, aprende a buscar patrones. Si ves que las cosas empiezan a salir mal y te tientan a sentirte un poco culpable, incitándote a actuar para remediar la situación, ten cuidado. También ten cuidado con aquellos que repetidamente tratan de jugar con tu simpatía, señalando su falta de fondos, recursos, o incluso oportunidades, con el fin de arrojarte una bomba de culpa para ponerte en acción. Procede con devoción y cuidado cuando estés tratando con estas almas que inducen vergüenza. Hay una diferencia entre sentirse impulsada por Dios a realizar acciones y ser bombardeada con la culpa y avergonzada por alguien. ¡Ciérrale la puerta a la vergüenza!

¡Yo primero!

Todavía no hemos terminado. Existe otro tipo de manipuladores. A estos los llamo los «potenciadores del yo primero». No son narcisistas totales. No llegan tan lejos. (Y si estás tratando con una persona en verdad narcisista, te sugiero que busques ayuda profesional o le des un vistazo a un gran recurso para abordar esta situación difícil que encontrarás en la sección de recursos).

En cierto modo, tengo que darles crédito a los potenciadores del yo primero. Son hábiles. Creativos. Astutos. Y saben exactamente cómo manejar una situación para que obre a su favor, asegurándose de salir ganando. Por supuesto, son capaces de llevar a cabo todo esto con una disposición agradable, por lo que podrías ni siquiera darte cuenta de lo que está sucediendo.

Hace tiempo estuve estrechamente conectada con una potenciadora del yo primero durante un período de varios. Trabajábamos codo a codo en algunos proyectos que nos dejaban una ganancia para ambas. Mientras que muchos aspectos de la personalidad de esta persona eran maravillosos —trabajadora, detallista, dispuesta a idear planes de ataque, puntual y agradable— había una característica constante que me causaba mucho dolor, despertaba resentimiento en mi corazón, y permití que me hiciera enojar tanto a veces que apenas podía ver con claridad. Sin embargo, como una buena soldado que mantiene a todos felices, nunca dejé que mi frustración se notara.

¿Cuál era este hábito de carácter? Cada vez que se presentaba una situación en la que una persona podía obtener la ventaja, conseguir la carga de trabajo menos pesada o ganar más dinero —básicamente cualquier situación en la que había un ganador y un perdedor—, esta persona siempre salía ganando. ¡Siempre! No importaba en cuántas ocasiones solo quedaran dos trozos de pastel en la sartén proverbial, ella siempre se llevaba el trozo más grande, dejándome con el más pequeño.

Los proyectos en los que trabajábamos por lo general incluían tanto tareas muy agradables como otras no tan placenteras. Digamos que el setenta y cinco por ciento de las tareas involucraban la creatividad, por lo tanto, eran estimulantes y agradables de realizar. El otro veinticinco por ciento resultaba un trabajo pesado, muy aburrido y muy poco ameno.

Esta persona tomaba la iniciativa, se involucraba y elaboraba felizmente un plan de trabajo. Ahora bien, parecía hacerlo de una manera muy concienzuda, dividiendo con precisión el trabajo total del proyecto en 50/50. Sin embargo, el cincuenta por ciento que se me asignaba consistía en la mayoría de las cosas no tan divertidas, lo cual no era su caso. Así que yo era responsable de la mitad del trabajo total del proyecto, bien. Eso parecía totalmente justo a primera vista. Solo que esta persona se aseguraba convenientemente de que su cincuenta por ciento estuviera compuesto de todos los «¡hurra!» y el mío solo de algunos «¡hurra!» y el resto de «¡puaj!».

Ella aprovechaba al máximo las situaciones para ponerse primero en otros casos también. Los proyectos en los que estábamos trabajando implicaban muchas llamadas telefónicas. Y esto fue antes de los días de las llamadas de larga distancia ilimitadas y gratuitas desde un celular. Un año se me acumuló una factura de teléfono de larga distancia de más de $900. Minuciosamente, resalté todas las llamadas que yo hice y luego le presenté a esta persona el total, justo después del principio del año, cuando tenía que juntar todos mis recibos y papeles para mis impuestos. Pensé que, para ser equitativa, deberíamos dividir el costo en partes iguales. Fin de la historia. Era lo justo, ¿verdad?

Nada de eso. No cuando tratas con una potenciadora egocéntrica.

Me señaló que hacer llamadas telefónicas era parte de *mi* lista de tareas y que por su parte había hecho diligentemente el trabajo asignado. «Además», agregó, «siempre puedes deducirlo de tus impuestos». ¿Qué? Deducirlo de mis impuestos cuando yo estaba en una escala contributiva del veinticinco por ciento significaba que aún tendría que pagar cerca de $700 por algo que nos había beneficiado a las dos por igual.

Sin embargo, tal vez el momento culminante llegó el día en que pasó por mi casa para dejar algo. Abrí la puerta rodeada de mis tres hijos pequeños, a quienes trataba con desesperación de hacerles dormir la siesta. Acababa de empaquetar media docena de pedidos de uno de nuestros productos que debían enviarse por correo a los clientes. Le pregunté si le importaría dejar los sobres en la oficina de correos en su camino de regreso a su hogar. Fue una petición simple. Una tarea fácil. Si lo hacía, no necesitaría levantar a mis hijos de su siesta a las 4:30 para abrocharlos a sus sillas para el auto y correr a la oficina de correos antes de que terminara la última ronda a las cinco.

Además, sabía que esta persona se dirigiría a una tienda cerca de la oficina de correos. Así que le pregunté si podía hacer eso por mí, bueno, en realidad por *nosotras*, porque los sobres contenían nuestros productos. No estaba preparada para recibir la respuesta que me dio.

«No», empezó. «No voy a poder. Necesito ir a casa para preparar la cena. ¿No puedes hacerlo hoy más tarde?».

Me quedé atónita. ¡Pasar por la oficina de correos y colocar esos paquetes en el buzón ni siquiera le requeriría bajarse del auto! Solo iba a tener que desviarse de su camino tres cuadras. ¡Tres cuadras! Pero se mantuvo firme, y yo no insistí. Una vez más, había aprovechado al máximo una situación para ponerse en primer lugar.

Ahora bien, he aquí lo que sucede con un potenciador del yo primero, lo cual constituye una manera segura de darte cuenta de si alguien tiene o no esta característica. Pregúntate a ti misma: si inviertes las cosas, colocándolos a ellos en tu posición y poniéndote en su lugar, ¿sería la situación muy diferente? Si la respuesta es afirmativa, tienes a un verdadero potenciador del yo en tus manos.

Sé que esta persona nunca hubiese accedido a pagar una factura de $900 por las llamadas que debían hacerse para el negocio. Habría dicho que no era justo. Si hubiera dividido la lista de tareas de tal manera que le hubiese dado todo el trabajo desagradable, habría protestado. Y me habría llamado con dulzura —pero deliberadamente— egoísta si me hubiera negado a desviarme tres cuadras de mi camino para hacer un recado que la hubiera salvado de sacar de casa a todos sus hijos pequeños en un día nevado de invierno.

Mi mamá tiene una frase que resume a dicha persona con bastante precisión: «¡No pueden ver más allá de sus propias narices!». Sí. Eso es todo. Sus maneras miopes les permiten solo ver las situaciones desde su punto de vista y luego decidir en consecuencia, asegurándose de que saldrán ganando.

Quita el vendaje

Por fin llegué al punto en el que tenía que hacer algo con la persona calculadora ante quien constantemente me encontraba cediendo. Cómo era tratada en esta relación no solo estaba empezando a afectar mi salud mental y mis patrones de sueño, sino que además estaba causando que brotara la ira y el resentimiento en mi corazón, conduciéndome a un lugar horrible que afectaba mi caminar con el Señor. Como en las veces que mi madre tenía que quitarme el vendaje de mi rodilla raspada, me di cuenta de que necesitaba hacer algo rápido que podría ser doloroso. Sin embargo, me llevaría a un lugar de sanidad y paz.

En mi situación, ese algo fue mi decisión de romper lazos con mi compañera «potenciadora del yo primero». Me encantaría decir que hice esto de una manera valiente y audaz, defendiéndome a mí misma. Sin embargo, no sería la verdad. Mis rodillas temblaban, mi voz se estremecía y sentía que podía arruinar mi almuerzo. Pero un día, hace más de una década, decidí que el dolor valdría la pena y entonces lo hice. ¡Y estoy eternamente agradecida de haberlo hecho!

Tenía una idea para un nuevo producto con el que yo estaba bien familiarizada y que se relacionaba con algo por lo que era conocida. Cuando esta persona se enteró de mi idea, se involucró de lleno en la conversación, hablando como si ya fuera parte del proyecto. Reuní todas mis agallas y luego, de forma dulce, pero directa, anuncié: «En realidad, creo que voy a hacer esto sola». Eso fue todo. No resultó tan fuerte como debería haber sido. Probablemente no debí decir: «*Creo* que voy a hacer esto sola». Debería haber dicho «Voy a hacer esto sola». Pero bueno, era una novata absoluta en este campo.

Y entonces, finalmente... ¡*fui libre*! Podía trabajar, planear y soñar sobre los proyectos e ideas que Dios me estaba llamando a perseguir. Ya no me sentía obligada a seguir el plan de otra persona.

¿Estás preparada para tratar con los que toman las decisiones en tu vida, aquellos que consiguen que hagas lo que ellos quieren sin que ni siquiera armes un alboroto? Te arderá por un minuto mientras arrancas esa conducta de capitulación de tu repertorio de respuestas. Sin embargo, ser controlada por otros y su manera insistente, enfurruñada, culposa o egoísta no es honrar a Dios. Estás viviendo tu vida según la voluntad de ellos, no la de él. Amiga mía, esta no es una forma saludable de vivir. Consumirá tu energía mental, provocará ira y resentimiento en tu corazón, y te impedirá vivir confiada en tu llamado para darles a conocer el evangelio a otros en tus diversas relaciones.

Tómate un momento para identificar a cualquier persona en tu vida que encaje dentro de una de estas categorías. Comienza ahora a orar que Dios te dé poder para romper el patrón de conducta negativo del que has estado cautiva y que le ha abierto la puerta al comportamiento repetidamente dañino de estas personas. Luego, prepárate. Estás a punto de hacer algo que debiste haber hecho hace mucho, mucho tiempo.

Sé sincera con ellos.

Sí, tus rodillas pueden temblar. Tu voz puede quebrantarse. Tu estómago puede estar lleno de mariposas aleteando que rivalizan con la última foto inspirada en la naturaleza de Instagram. No obstante, puedes hacerlo. ¡Sé que puedes! ¡Y qué libertad experimentarás cuando lo hagas!

Es hora de que decir la verdad con franqueza, pero con amor, se convierta en nuestra herramienta preferida.

Excepciones a la regla

¿Hay alguna ocasión en que es correcto agradar a otros? ¡Sí, por supuesto! Sin embargo, esa ocasión no es todo el tiempo. Ahí es donde muchas de las que somos complacientes nos equivocamos.

El teólogo Charles Haddon Spurgeon una vez declaró: «El discernimiento no es conocer la diferencia entre el bien y el mal. Es conocer la diferencia entre lo correcto y lo casi correcto».[2] Tal discernimiento es necesario cuando se trata de agradar a otros. No debemos exagerar en ninguna dirección, afirmando que nunca debemos comportarnos como alguien más desea, o lo contrario, que siempre debemos hacerlo.

Aunque la mayor parte de este libro está dedicado a ayudarte a dejar de complacer a otros en exceso, a salir de la prisión donde te encuentras atrapada debido a tu capitulación constante, démosle un vistazo a algunas de las veces que se nos insta en la Escritura a colocar los deseos de otros por encima de los nuestros.

- *Los hijos deben buscar agradar y obedecer a sus padres* (Efesios 6:1-3; Colosenses 3:20).
- *Se nos instruye a complacer a los que tienen autoridad sobre nosotras en situaciones laborales* (Efesios 6:5-8).
- *Se anima a los cónyuges a pensar en los anhelos y deseos del otro* (Efesios 5:15-33).
- *Se nos exhorta a no solo pensar en nuestros propios intereses, sino también en los de los demás* (Filipenses 2:3-5).
- *Debemos honrar y obedecer a aquellos que Dios ha colocado en cargos de autoridad en nuestro gobierno, sabiendo que ellos fueron puestos allí por él* (Romanos 13:1-7).
- *Debemos ser devotos los unos a los otros en amor, honrando a los demás por sobre nosotras mismas* (Romanos 12:10).
- *Debemos agradar a nuestro prójimo para su bien, con el fin de edificarlo* (Romanos 15:2).
- *Debemos convertirnos en «todo para todos», a fin de ganarlos para el evangelio* (1 Corintios 9:19-23).

Entonces, ¿cuál es esta línea delgada entre lo correcto y lo casi correcto cuando se trata de agradar a otros? Bueno, una cosa es sentir constantemente la atracción a complacer a los demás, sin importar lo que te pidan que hagas. Sin embargo, si en el marco general de tratar de agradar a Dios terminas agradando a las personas, eso es algo completamente diferente. Cuando buscas vivir una vida que glorifique a Dios, terminarás complaciendo a otros en el proceso. El problema surge cuando solo buscamos cumplir los deseos de *los demás*, independientemente de si se ajustan o no al plan general de Dios. Complacer a otros con nuestro comportamiento es un subproducto de nuestra búsqueda para glorificar a Dios. No es el objetivo principal.

Capítulo 4

Bueno, para ser sincera contigo

Ser sinceros nos ahorra tiempo.

—ANÓNIMO

Dejen de mentirse los unos a los otros, puesto que han desechado al viejo hombre con sus malos hábitos.

—COLOSENSES 3:9 (NBLA)

Me encanta ir a la iglesia la mayoría de los domingos por la mañana. Eso me da la oportunidad de quitarme mi uniforme diario de mamá que trabaja desde casa, el cual por lo general consiste en una camiseta estampada y unos pantalones vaqueros cómodos, combinados con mis pantuflas tejidas color celeste claro. Incluso me encanta el lugar. Está ubicada en una parte renovada y ecléctica de la ciudad, con muchos de los ladrillos originales y nuevas obras de arte tipo grafiti en las cafeterías y las tiendas de reventa *vintage* en el ReoTown de Míchigan, llamado así por Ransom Eli Olds, un pionero de la industria automotriz local. Cuando era niña, el edificio donde ahora adoro todos los domingos era una bolera. Más tarde se convirtió en un club nocturno. Y hace poco albergaba una tienda de muebles de descuento hasta que nuestra iglesia se estableció en aquel lugar.

Alrededor de las 9:55 cada semana, entro a la iglesia con mi Biblia bajo el brazo para poder tomar una taza de café con sabor a avellana y encontrar mi asiento junto a mi esposo, por lo general cerca de nuestro hijo y su esposa. Crecí con los sermones. Me encantan los distintos tipos de música. (Nuestra iglesia tiene más de diez bandas diferentes que van desde la guitarra acústica y el pop de los años ochenta hasta el *hip-hop*). Por encima de todo, estoy agradecida de que tenemos gente de diversas etnias y clases sociales, cuyas edades están comprendidas entre niños pequeños, personas de la generación Z luciendo tatuajes deportivos y cabello recogido, y ancianos devotos con cabello gris y gafas.

No obstante, un domingo por la mañana me encontré con ganas de abandonar mi café y escapar de ese lugar, corriendo tan lejos como mis piernas de mediana edad me llevaran. ¿Qué me hizo querer escapar del lugar que tanto adoro? Fue cuando el pastor de enseñanza que predicaba ese día hizo una aseveración justo en medio del sermón que estaba disfrutando, arruinándolo completamente y destrozándome. Él dijo: *Los complacientes a menudo mienten.*

De repente, ya no era una cara en medio de una multitud de cientos, sorbiendo suavemente mi cremosa bebida caliente y tomando notas codificadas en color en la Biblia abierta sobre mi regazo. Sentí como si uno de los focos que colgaba del techo —normalmente apuntando hacia el escenario— de repente se hubiera desplazado directamente hacia mí, colocando mi cara roja brillante en modo retrato. Me sentí expuesta. Me imaginaba a todos mirándome de reojo, sabiendo seguramente que el pastor se estaba refiriendo a mí. Había sido descubierta.

Luché contra mi deseo de huir. Sin embargo, jugué con la idea de levantarme para fingir que necesitaba usar el baño. No obstante, me quedé sentada hasta que el mensaje directo y doloroso terminara. Incluso me las arreglé para murmurarle algunas palabras al pastor Justin sobre cómo su sermón realmente me había convencido. Y lo hizo. No fue uno de esos momentos en que asientes con la cabeza, sintiendo un ligero pinchazo en tu corazón, pero sigues tu camino y nunca ajustas tu comportamiento. Lo he hecho más veces de las que me gustaría admitir. No, esa asombrosa oración, que penetró en mi corazón al comienzo de mi verano de lo necesario y de no, fue un catalizador para que finalmente pudiera salir de la prisión de la complacencia. Ah, sabía que complacía a otros porque quería parecer agradable. Incluso admití que el miedo desempeñó un papel en ello. Pero esa mañana tuve que reconocer que mi pastor tenía razón. Los que procuran agradar a los demás a menudo mienten. Y yo era una fantástica mentirosa.

El engaño en la vida de una persona complaciente se disfraza hábilmente de preocupación e interés. Después de todo, solo estamos encubriendo la verdad de forma muy leve para no herir los sentimientos de alguien, ¿verdad? O quizás tememos que no puedan manejar la verdad y no queremos causarles angustia. O, si fuéramos totalmente francas con los demás, nuestras sinceras palabras les causarían tristeza o tal vez hasta ira. Solo estamos tergiversando la verdad un poquito y lo estamos haciendo por ellos, no por nosotras. Sin embargo, ¿es esto cierto?

Cuando con sutileza recubrimos nuestras frases con falsedad —digamos que cuando le respondemos a alguien que nos ha pedido que le demos nuestra opinión sobre su atuendo—, ¿realmente lo estamos haciendo para su beneficio? Si el atuendo no es digno de halago, ¿es lo mejor para ellos que no seamos francas y en cambio digamos: «¡Se ve genial!»? ¿Acaso no hacemos eso para nuestro propio beneficio? No queremos percibir la incomodidad en el ambiente. Por supuesto, siempre podemos decir que determinada elección de moda no es nuestro estilo, aunque *a ellos* les queda bien, si en verdad es así. No obstante, debemos preguntarnos si tememos que haya un ligero quiebre en nuestra amistad si no decimos lo que esperan oír. En realidad, a menudo nuestras pequeñas mentiras piadosas son por nosotras.

Mentir para complacer o apaciguar a alguien no es un fenómeno nuevo. Ha estado sucediendo desde siempre. De hecho, algunos de nuestros hermanos y hermanas bíblicos practicaron esto hace siglos. Démosle un vistazo a algunas de sus historias.

No puedes ocultar tus ojos mentirosos

Cuando se trata de mentiras, casi parece como si hubiera categorías de falsedad. Como ya he mencionado, alguien podría decir lo que se clasifica como una mentirilla. Es aparentemente inofensiva. Se sale con la suya fácilmente.

Luego tenemos las falsedades justificadas. Estas mentiras se dicen por un bien mayor, como cuando durante la Segunda Guerra Mundial alguien que estaba escondiendo a los judíos de los nazis podía mentir al preguntársele directamente si eso era verdad. Ellos lo hacían para preservar la vida de alguien. Actuaban así para lograr un bien mayor y por lo tanto estaba totalmente justificado.

Y no olvidemos las mentiras por conveniencia, que se dicen para evitar cualquier drama o un trabajo resultante. Luego están las mentiras vanidosas, destinadas a reforzar nuestros egos y hacernos ver mejor. Y por último, tenemos la clase de mentiras que son más significativas, como mentir sobre tus impuestos o a la policía cuando te preguntan si sabes algo sobre un crimen. Estas parecen ser las más graves de todas.

Sin embargo, existe una categoría de mentiras que parece ser la más fácil de decir. Al menos he descubierto que este fue el caso en mi vida. Encontramos un buen ejemplo de tal mentira cuando miramos a nuestros hermanos bíblicos Abraham y Sara.

Abraham fue un personaje crucial del Antiguo Testamento. De hecho, es muy importante en la historia no solo del cristianismo, sino también del judaísmo y el islam. Dios le dijo a Abraham, primero llamado Abram, que sería el padre de muchas naciones (Génesis 15:5; 22:17). Cuando esa promesa no se cumplió en el tiempo que Abraham había esperado, decidió tomar el asunto en sus propias manos. Su esposa Sara, conocida como Sarai en ese momento, no tenía hijos; y en lugar de esperar a que su esposa se convirtiera en madre, se acostó con su criada Agar para concebir un hijo, una práctica culturalmente popular en ese momento.

Sin embargo, más tarde Sara y Abraham *sí* tuvieron un hijo en su vejez cuyo nombre fue Isaac. Pero esa no es la parte de la historia que vamos a examinar. Retrocedamos un poco la línea del tiempo, hasta antes del nacimiento de los dos niños vigorosos de Abraham. Leemos la historia en Génesis 12.

Sara y Abraham se encontraban atravesando un tiempo difícil. Debido a una extrema hambruna que golpeó su tierra natal de Canaán, se vieron obligados a ir a Egipto y vivir como extranjeros. A medida que se acercaban a la frontera, Abraham se preocupó por una posible situación que podría surgir en esta nueva tierra.

La Escritura dice que su esposa era una belleza total (mi traducción libre). Él tenía miedo de que cuando los egipcios la vieran —y luego descubrieran que era su esposa— lo mataran para tenerla. Y entonces se le ocurrió un plan. «Di que eres mi hermana, para que gracias a ti me vaya bien y me dejen con vida» (Génesis 12:13). Y por supuesto, la sorprendente hermosura de Sara no pasó desapercibida en Egipto. Ella fue llevada al palacio del faraón. Sin embargo, debido a esto el Señor castigó con terribles plagas al faraón y su casa. Cuando mandaron a llamar a Abraham y lo interrogaron, el faraón les ordenó que se fueran del país.

Ahora bien, tú pensarías que el anciano Abraham habría aprendido la lección, pero ese no fue el caso. Él repite la mentira. Mientras se trasladaba de región en región, la pareja llegó a un lugar conocido como Guerar. Abraham —una vez más temeroso de perder su vida porque un funcionario de alto rango pudiera querer a su esposa para sí mismo— no le presentó a Sara a la realeza residente, el rey Abimélec, como «su esposa», sino que declaró que «era su hermana» (Génesis 20:2).

Esta vez, Dios se le apareció en un sueño al rey Abimélec, quien se había quedado fascinado con Sara. Él le reveló al rey que ella era una mujer casada. Por suerte, había estado practicando el distanciamiento social. (¡Bueno, bueno, esa es otra pequeña paráfrasis!). Según Génesis 20:4, él «todavía no se había acostado con ella».

Muy temprano, a la mañana siguiente, el rey convocó a Abraham queriendo saber por qué rayos había mentido. Abraham se sinceró y confesó que había recurrido al engaño porque temía por su vida. Y luego añadió: «Pero en realidad ella es mi hermana, porque es hija de mi padre aunque no de mi madre; y además es mi esposa. Cuando Dios me mandó dejar la casa de mi padre y andar errante, yo le dije a mi esposa: "Te pido que me hagas este favor: Dondequiera que vayamos, di siempre que soy tu hermano"» (Génesis 20:12-13).

De acuerdo, a primera vista podría parecer que esta es una mentira grave. Ella era su esposa, no su hermana. Abraham estaba inventando esta mentira de la nada. Pero en realidad no era una gran mentira, sino que cae en una categoría diferente. Era el tipo de mentira que muchas de nosotras decimos hoy. No era una mentira absoluta. En realidad, era una verdad a medias. Y cuando fue presionado por Abimélec, intentó resaltar la mitad correcta y minimizar la mitad falsa. Sin embargo —como a menudo les sermoneaba a mis queridos hijos cuando eran pequeños— una verdad a medias sigue siendo una mentira.

Ahora bien, podrás encontrar a diferentes eruditos de la Biblia que explicarán todo este escenario de la hermana-esposa, el cual se parece mucho más a un *reality show* de los años 2020 que a un relato bíblico antiguo. Algunos dicen que en verdad eran medio hermanos. En Génesis 20:12 vemos el razonamiento de Abraham: «Pero en realidad ella es mi hermana, porque *es hija de mi padre aunque no de mi madre*; y además es mi esposa» (énfasis añadido).

No obstante, otros teólogos afirman que un estudio más profundo sobre la ascendencia de Abraham sugiere que Sara era en realidad su sobrina por el lado de su hermano Harán. En cualquier caso, la verdad a medias de Abraham estaba destinada a engañar a la realeza con la que estaba interactuando, negando que él fuera esposo de Sara y haciéndoles pensar de otra manera.

¿Cómo se ven las verdades a medias en nuestras vidas hoy? Y lo más importante, ¿por qué decimos estas invenciones en lugar de sincerarnos y decir la verdad, toda la verdad y nada más que la verdad? Voy a arriesgarme y confesar una verdad a medias que dije hace poco. No estoy orgullosa de ella, por inteligente que pueda ser. ¡No importa cuánta creatividad desarrolle para inventar mis medias verdades, siguen estando equivocadas!

Llamaron a mi puerta. Miré hacia afuera y vi a una mamá con sus dos hijas jovencitas. Sus dulces caras resplandecían con expectación, así como también mostraban un poco de nerviosismo. Ellas estaban vendiendo las galletas de las Niñas Exploradoras. De inmediato, mis pensamientos empezaron a bailar de un lado a otro. Quería animar a las niñas en su emprendimiento, suponiendo que podrían estar aprensivas y ansiosas por tratar de cerrar el trato con una o dos cajas de Thin Mints o Samoas. Sin embargo, por otro lado, no quería ninguna galleta de las Niñas Exploradoras. Estaba tratando de cuidar mi ingesta de azúcar y sabía que tener esas delicias en mi casa iba a ser una gran tentación.

Abrí la puerta y las saludé. Me dieron su pequeño discurso y luego alzaron su mirada para ver cuál sería mi respuesta. «Oh, lo siento», empecé. «Tengo a mis sobrinas que crecieron siendo Niñas Exploradoras y siempre les compro galletas a ellas. Pero buena suerte en el barrio. Espero que vendan un montón de cajas». Me agradecieron por mi tiempo y siguieron su camino.

Cerré la puerta y volví a mi taza de café en la mesa de la cocina sintiéndome como una idiota. Al igual que el anciano Abraham, había dicho una verdad a medias. O al menos insinué una verdad que no era cierta. Sí, tengo sobrinas que se han puesto el uniforme de las Niñas Exploradoras. Sin embargo, este año no les he comprado ninguna galleta, aunque hice parecer como si lo hubiera hecho. En realidad, han pasado bastantes años desde que eran Niñas Exploradoras. Pero noten mi astucia. No dije que *eran* niñas exploradoras, solo que «crecieron siendo Niñas Exploradoras» y siempre les compraba las galletas. Es verdad. Si alguna vez compré uno o dos paquetes, fue a ellas. Solo que había pasado un tiempo. (Guiño, guiño).

Al mirar en retrospectiva, debí haber sido sincera y decirles que intentábamos mantenernos alejados de los dulces. Podría haberles deseado lo mejor en su esfuerzo y hacer una donación de $10 a su fondo de galletas de las Niñas Exploradoras. De hecho, me he prometido a mí misma que esto es exactamente lo que voy a hacer la próxima vez que esos querubines con gorras aparezcan en mi puerta.

Otra forma que nuestras mentiras pueden tomar es cuando las expresamos como cumplidos. Estos, también conocidos como adulación falsa o halagos, son una alabanza excesiva o insincera. Por lo general, se le dicen a otra persona con el fin de que se sienta mejor consigo misma, pero también para ayudar a promover los intereses de aquella que hace el halago. Mientras que los chismes se pueden definir como decir algo a espaldas de alguien que nunca le dirías en la cara, la adulación es prácticamente lo contrario. Implica decir algo en la cara de alguien que nunca le dirías a sus espaldas, porque es totalmente falso.

Cuando adulamos, mentimos. Las páginas de la Escritura están repletas de advertencias contra esta herramienta aparentemente efectiva, pero que a menudo resulta contraproducente.

Lee estas palabras que se encuentran en Salmos 12:2. He escogido la traducción de la Nueva Biblia de las Américas, una versión que busca representar con precisión el idioma original hebreo o griego en el que el versículo fue escrito. Dice así:

Falsedad habla cada uno a su prójimo;
Hablan con labios lisonjeros y con doblez de corazón.

La palabra traducida como *lisonjeros* en el hebreo original es la expresión *chelqah*, que significa «suave, resbaladizo y agradable». El término también se utiliza en muchos lugares para referirse a una porción de tierra o al suelo en el que uno está actualmente parado. Combine ambas acepciones y el resultado se vuelve evidente. Estamos de pie en una pendiente resbaladiza cuando elegimos adular con nuestros labios.

La otra parte de este versículo que me intriga es la noción de la doblez de corazón. El concepto que se transmite aquí es que alguien que adula con sus labios tiene dos corazones, uno que es fiel a su alma interior y otro que se le muestra a la persona que escucha las mentiras. Este segundo corazón es insincero e incluso sumamente engañoso.

En otras partes de la Escritura vemos lo que puede causarnos la adulación. Por lo general, solo tenemos en mente lo que puede hacer *por* nosotras; los resultados inmediatos que buscamos cuando falsamente inflamos el ego de otra persona. Sin embargo ¿qué sucede con lo que nos hace *a* nosotras? No nos engañemos pensando que podemos salir ilesas de una situación halagadora. A menudo, no podemos. La adulación tiene consecuencias y no son muy positivas.

Proverbios 26:28 expone una de las consecuencias:

La lengua mentirosa odia a sus víctimas;
la boca lisonjera lleva a la ruina.

La palabra hebrea para *ruina* en este versículo es *midcheh*. Curiosamente, esta palabra aparece solo una vez en toda la Biblia. Significa «un método o una ocasión para tropezar». Cuando adulamos, nos enfrentamos a una caída.

Unos pocos capítulos más adelante en Proverbios, el libro de la sabiduría, vuelve a surgir el tema de la adulación, ofreciendo una descripción que vimos anteriormente.

> El que adula a su prójimo
> le tiende una trampa. (Proverbios 29:5)

La adulación es un intento de atrapar o enredar a alguien por medio de nuestra fingida bondad o admiración. Cuando halagamos, estamos tratando de atrapar a la persona obteniendo su adulación. Sin embargo, podríamos en cambio meternos en un enredo a causa de nuestras mentiras.

Antes de dejar el libro de Proverbios, dale un vistazo a un versículo más sobre la práctica engañosa de la adulación.

> El que reprende al hombre hallará después *más* favor
> Que el que *lo* lisonjea con la lengua.
> (Proverbios 28:23, NBLA)

Nota algo acerca de esta declaración: nos está llamando a hacer algo bastante desagradable. ¿A quién le gusta reprender a alguien? ¿Y qué persona disfruta que la reprendan? No obstante, hay una promesa escondida en el versículo que se cumplirá cuando seamos verdaderamente sinceras. Se nos dice que hallaremos favor. ¿No es eso lo que a menudo buscamos en primer lugar cuando adulamos? Creemos que nuestra lengua aduladora nos hará hallar favor, pero a menudo solo nos atrapa o produce un efecto indeseado.

La palabra *favor* aquí significa «aceptación y gracia». Sin embargo, considera *cuándo* se nos dice que esta aceptación y gracia fluirán hacia nosotras. No es en el momento en que estamos señalando con sinceridad algo que podría ser desagradable. Se afirma que vamos a hallar favor «después». Esta frase en el idioma original significa «luego, en un futuro». La persona a quien le estamos diciendo la verdad podría no abrazarnos con gratitud en el momento en que le hablamos. Pero más tarde —en el futuro, una vez que haya tenido tiempo para pensar— nos estará más agradecida que si le hubiéramos mentido con labios aduladores.

El viejo cliché es cierto: la adulación no nos lleva a ninguna parte. No obstante, cuando agitamos nuestros labios lisonjeros no es el único momento en que mentimos. También a veces evitamos la verdad con la esperanza de que eso nos permita evitar una pelea.

Cómo evitar el grito de guerra (¡Que hace que quieras llorar!)

Me quedé en el pasillo cerca de la cocina escuchando a mi esposo charlar con algunos miembros de nuestra familia extendida, cuya casa estábamos visitando. Fingí interés en el nuevo calendario que colgaba de la pared, hojeándolo como para admirar sus impresionantes fotos de la naturaleza. En realidad, podía percibir que comenzaba a surgir un conflicto y vi la mirada en la cara de mi esposo que indicaba: «¡Sácame de aquí!».

Yo estaba teniendo el mismo pensamiento, mientras también oraba para que no me involucraran en la acalorada discusión. No hubo suerte. Pronto escuché las palabras: «Bueno, Karen, ¿qué piensas? ¡Ciertamente no puedes estar de acuerdo con tu esposo!».

Podía sentir que me empezaba a sonrojar. Sabía que estaba condenada. Yo coincidía con mi esposo en la cuestión política importante que se estaba discutiendo. Pero sabía que decir la verdad iba a intensificar aún más el conflicto, arruinando el pícnic de verano que estábamos a punto de disfrutar en el patio trasero.

Mi dulce esposo vino a rescatarme, haciendo un comentario y redirigiendo la conversación en un instante. Di un suspiro de alivio, agradecida de no haber sido arrastrada a los dimes y diretes con mi combativo pariente y de poder disfrutar de mi ensalada de papas en paz.

Has estado en esa situación, ¿verdad? Mostrándote cautelosa para hablar sinceramente, sabiendo que podrías causar un conflicto. De repente, se oye el grito de batalla, haciendo que quieras llorar.

Este tema es un poco más sensible, y sé que para algunas de ustedes puede traer recuerdos desagradables. Reconozco que a mí también me afecta. En mi pasado, había una persona que tenía una tendencia a ser abusiva, por lo general cuando se encontraba bajo la influencia del alcohol. Aprendí desde el principio en mi trato con esta persona que —especialmente si estaba un poco ebria— podía salvarme del calor de la batalla si no hablaba con sinceridad, lo cual, si lo hacía, solo pondría en marcha un período de conflicto. (Una vez más, permíteme decir enfáticamente que si estás tratando con una persona en verdad abusiva, por favor, comunícate con la Línea Nacional de Violencia Doméstica a través de la información que figura en las notas del capítulo 1 al final del libro).

Es cierto que la honestidad puede infundir un poco de tensión en el ambiente o incluso crear un conflicto colosal en nuestra conversación. Por lo tanto, matizamos un poco la verdad para evitar tales interacciones desagradables. De repente, tratamos de parecernos todas a Suiza y jugar el papel neutral, amante de la paz. Sin embargo, ¿estamos tratando de *hacer* la paz o simplemente de *mantener* la paz, guardando el *statu quo* sin que se ericen las plumas, se calienten las emociones o se caldeen los ánimos?

Ronald Reagan dijo una vez: «La paz no es la ausencia de conflicto, sino la capacidad de manejar el conflicto por medios pacíficos».[1] Podemos aprender de los que manejan los conflictos —o incluso conflictos potenciales— por medios pacíficos, con un tono tranquilo pero franco. Y podemos encontrar algunos consejos para hacerlo en el libro de Proverbios. Observa con atención estas palabras de Proverbios 15:1, tomadas de la Nueva Biblia de las Américas:

La suave respuesta aparta el furor,
Pero la palabra hiriente hace subir la ira.

La mayoría de nosotras las que estamos en el departamento de las personas complacientes no solemos decir palabras hirientes. (O tal vez eres como yo y solo tiendes a hacer eso con tu familia inmediata, que *tiene* que amarte). No obstante, quiero profundizar un poco más en este versículo.

¿A veces tus palabras simplemente salen de tu boca sin pensar con atención en lo que estás diciendo? En especial cuando estamos tratando de apaciguar un conflicto incluso antes de que comience, a menudo entramos en pánico. Decimos cosas que realmente no queremos decir, todo en un esfuerzo por mantener la situación estable. ¿Qué tal si, en cambio, elegimos nuestras palabras en oración, de manera reflexiva y con cuidado, siendo totalmente veraces, pero de una forma que muestre nuestra sinceridad y no conduzca al conflicto? Déjame darte un ejemplo ficticio.

Tu cuñada —con quien siempre tienes un conflicto cuando se trata de quién va a estar a cargo de la planificación de las fiestas familiares— te llama para hablar sobre la celebración de Acción de Gracias de este año. Estás bastante segura de que ella no querrá ser la anfitriona, a pesar de que su casa es lo suficientemente grande y no hay nada fuera de lo normal en su vida. Tú, por otro lado, tampoco estás realmente ansiosa de ofrecer tu casa como el lugar de reunión este año. Después de todo, fuiste la anfitriona de la reunión del año pasado y este año tu familia está en medio de un trabajo de remodelación importante, haciendo todo lo relacionado con el revestimiento y demás, con pisos de madera nuevos que se instalarán la semana siguiente a la celebración. Tu comedor tendrá el contrapiso al descubierto en el momento en que se sirvan el pavo y las guarniciones.

Cuando tu cuñada inicia la conversación con un tono más bien directo y expresivo, elige estas palabras: «Oye. Tenemos que hablar de Acción de Gracias. No voy a poder ser la anfitriona, así que vamos a tener que celebrarlo en tu casa. ¿De acuerdo?».

No, piensas. *No estoy de acuerdo.* Todo tu ser quiere gritarlo a todo pulmón. Tu cuñada es una potenciadora del yo primero. Por lo general es a su manera o nada, y los miembros de tu familia extendida habitualmente capitulan, cediendo para hacer las cosas a su manera. Tu patrón habitual de respuesta sería estar de acuerdo en ser la anfitriona y luego sentir un gran estrés porque todos van a comer su cazuela de judías verdes y a disfrutar del pastel de calabaza sobre tus encantadores pisos de madera contrachapada temporales. No obstante, este año decides que las cosas serán diferentes. No vas a balbucear ni a conformarte. Vas a hacerte oír, pero de una manera reflexiva y cuidadosa. Así que susurras una oración, respiras profundo y contestas.

«Oye, muchas gracias por sacar el tema. Siempre me encanta cuando podemos estar juntos y estoy ansiosa de que llegue el Día de Acción de Gracias. Sin embargo, he estado pensando si va a ser posible o no ser los anfitriones este año. Lamentablemente, por mucho que me encantaría serlo, nos van a instalar los pisos de madera la semana después de Acción de Gracias y nuestra casa va a ser un caos por la obra en curso. No podré darle a la reunión el ambiente y la atmósfera que requiere. ¿Qué tal si hacemos algo diferente este año si todos están de acuerdo? Podríamos salir a comer afuera. O tal vez pueda ver si es posible reservar el salón con chimenea de mi iglesia. Voy a escribirles un mensaje de texto colectivo a los miembros de la familia y hacerles saber a todos acerca de nuestra situación de remodelación, así como que tú dijiste que no puedes ser la anfitriona tampoco. Entonces, podemos continuar a partir de allí».

Ahora bien, tal respuesta provocará algunas cosas. Primero, le reafirmará a tu cuñada que te agrada estar con ella. Traer a la conversación que el punto principal es que los seres queridos se reúnan podría ayudar a disminuir cualquier combatividad que pueda surgir.

En segundo lugar, estás siendo sincera acerca de tu situación sin tratar de inspirar pena o compasión. Solo estás exponiendo los hechos. Tu comedor —y muy probablemente tu cocina— va a ser un caos y no resultará un lugar ideal para una gran reunión familiar.

Por último, estás involucrando a otros en la situación al anunciar que vas a transmitirle toda esta información a la familia. Si ella se niega a ser la anfitriona solo porque no quiere limpiar su casa o alguna otra razón irrelevante, al enterarse toda la familia va a echarle una reprimenda. Quizás cambie de opinión, porque no quiere parecer poco cooperativa ante el resto de los parientes. Pero repito, no estás tratando de inventar nada aquí. Solo estás dando hechos claros. Y es mejor hacerlo de una manera en la que todos puedan verlos al mismo tiempo, en lugar de enviar mensajes de texto de ida y vuelta con personas individuales. Encuentro que la cadena de mensajes de texto colectivos de nuestra familia funciona igual que un mensaje grupal privado en una plataforma de redes sociales como Facebook o Instagram.

Esperamos que ser cuidadosa, devota y considerada iniciará una conversación amorosa y honesta, ya que todos juntos abordarán el tema de dónde se celebrará el Día de Acción de Gracias ese año. Por supuesto, no hay garantías. Existen algunas personas que solo viven para ser críticas, controladoras y combativas; sin importar lo que digas, no van a ceder. En tales casos, cuando no quieren estar de acuerdo con la mayoría, sugiero que la mayoría simplemente tome la delantera y haga sus planes, haciéndoles saber que son bienvenidos a unirse si lo desean. No obstante, si eligen hacer otra cosa, también está bien.

Lo que la sinceridad *no* es

Con toda la exploración de lo que es la sinceridad, resulta importante considerar también lo que no es. Aquí hay algunos conceptos erróneos acerca de qué es con exactitud la sinceridad... o más precisamente, lo que no es.

Ser sincera no significa que no estés dispuesta

Para aquellas que tienden a ayudar y les gusta ser consideradas como serviciales, ser sincera acerca de tu incapacidad para llevar a cabo una tarea —o de tu vacilación para asumir algo más en este momento, porque temes que puedas sobrecargarte— podría hacerte temer que la persona que hace la petición piense que no tienes un corazón dispuesto. Resulta útil decirles algo en este sentido: «Me gustaría poder ayudarte, de verdad. Sin embargo, mi vida en este momento no me lo permite. Si fuera posible, con mucho gusto diría que sí. Lamentablemente, la realidad de mis circunstancias dicta que me niegue». (Bien. Sé que suena un poco formal, pero se entiende. Siéntete libre de decirlo a tu manera). Podemos aprender a ser sinceras al mismo tiempo que expresamos nuestros sentimientos sobre cómo deseamos que la respuesta fuera diferente.

Siguiente...

Ser sincera acerca de tu situación no significa que seas incapaz

Del mismo modo, cuando tenemos que rechazar una solicitud de alguien que necesita nuestra ayuda, no deberíamos preocuparnos demasiado de que vayamos a ser consideradas como incapaces. Una respuesta directa es la mejor, dejándole saber a la persona que esto es algo que te gustaría hacer si se presentara en un momento diferente, pero desafortunadamente no tienes el tiempo en tu vida ahora. A la gente capaz a menudo se le pide ayuda. Sin embargo, solo porque eres capaz de algo no siempre significa que tengas que hacerlo.

Ser sincera acerca de tus limitaciones no es una indicación de que seas inepta

No dejes que tus pensamientos internos te hagan tropezar en este punto. Muchas de nosotras no respondemos con sinceridad cuando se nos pide que asumamos una tarea por temor a parecer ineptas. No necesitamos ser hábiles en todo. En lugar de decirle que sí a una solicitud y luego investigar frenéticamente cómo hacer las cosas de manera correcta, podemos responder con sencillez que la solicitud está un poco fuera de nuestro alcance y por lo tanto alguien más deberá cumplir con la petición.

Ser sincera no es lo mismo que ser mala

Bueno, este es un punto importante entre amigas. Y no voy a afirmar nunca que lo hago perfectamente, porque me parece el más difícil de todos. Cuando alguien quiere nuestra opinión sincera sobre algo que ha creado, escrito, elegido para su armario o seleccionado para su casa, tenemos tanto miedo de herir sus sentimientos que a menudo eludimos la verdad. Esto se complica aún más cuando quieren nuestra opinión sobre algo muy personal, como la manera en que están criando a sus hijos o comportándose en su matrimonio.

Debido a que no quiero parecer en absoluto que estoy siendo mala, me cuesta decir la verdad. Algunas prácticas me han ayudado a través de los años en esta área. Una es una frase que aprendí de una amiga cierto día en un viaje de compras.

Ella y yo estábamos en el centro comercial con nuestras cuatro hijas cuando todas eran adolescentes y preadolescentes. La hija menor de mi amiga le trajo una bufanda a su mamá que realmente quería comprarle para el Día de las Madres. Sin embargo, deseaba asegurarse de que a su mamá le gustara antes de gastarse el dinero que se había ganado con tanto esfuerzo cuidando niños. La bufanda no tenía un estampado ni una gama de colores que a mi amiga le gustara, y mucho menos que vestiría. Sin embargo, en lugar de sonreír dulcemente y decir: «¡Claro!», solo para apaciguar a su hija, pronunció una frase que era veraz sin ser ruda. Ella dijo: «Bueno, Brooke. No es mi favorita. ¿Hay otros colores y estampados? Eres tan buena escogiendo artículos de moda que estoy segura de que puedes encontrarme una fantástica».

Me quedé con la boca abierta. Sé que no es una declaración estremecedora, pero para mí fue una gran lección de vida. Puedes decir que no te gusta algo sin usar un lenguaje muy fuerte. Ella simplemente dijo que no era su favorita. Luego, felicitó a su hija por su destreza en la moda e infundió confianza en ella diciéndole que sabía que podía elegir una bufanda maravillosa para su madre. ¡Y de hecho, lo hizo!

He aprendido a utilizar la frase: «No es mi favorito» junto con otros comentarios similares. «Mira a ver si se te ocurre algo diferente. Estoy segura de que puedes». O en situaciones serias, he recurrido a esta: «Estoy indecisa en cuanto a serte franca por miedo a ofenderte, pero siento que es mejor decir la verdad». (¡Tuve que practicar esa una y otra vez antes de pronunciarla en persona!).

Además de tener estas frases de referencia, la otra práctica que en verdad me ha permitido progresar en esta área es colocarme mentalmente en el lugar de la otra persona. ¿Querría que alguien me adulara, diciéndome lo genial que era mi atuendo, si en realidad no favorecía en absoluto a mi figura o a mi cabello y color de ojos? Si escribiera una publicación en las redes sociales que fuera confusa o hiciera una bandeja de galletas para alguien y tuvieran un sabor horrible, ¿quisiera que una amiga me ocultara la verdad? ¿No desearía saber la realidad para que en el futuro no repitiera el mismo error? Podría aprender a escribir una publicación de blog más poderosa y entendible u hornear una mejor tanda de galletas al no olvidarme de incorporar el azúcar la próxima vez (¡historia verdadera!) si una amiga simplemente me dijera la verdad.

No les estamos haciendo ningún favor a nuestros amigos y seres queridos cuando mentimos para proteger sus sentimientos. Si les hacemos saber lo mucho que los amamos —y cómo quisiéramos que alguien se mostrara sincero con nosotras si fuera al revés— no estaremos hiriendo sus sentimientos, sino dándoles un maravilloso regalo.

Con toda sinceridad

Han pasado más de dos años desde que escuché la afirmación de mi pastor de que las personas complacientes a menudo mienten. Me he tranquilizado y ya no hiperventilo con la idea de ser conocida como un fraude. No obstante, sinceramente, sus palabras hicieron que me diera cuenta de que gran parte de mi comportamiento al interactuar con otros había sido en efecto fraudulento. Oh, seguro, podría haber argumentado que estaba tergiversando la verdad en algunas situaciones solo por preocupación por la salud emocional de la otra persona. Sin embargo, estaría agregando una mentira más a la pila de falsedades que estaba acumulando en mi vida.

No les pintaré el panorama de que aprender a desenredar la verdad de mi mente acelerada y pronunciarla de una manera directa ha sido fácil. No lo ha sido. He estado preocupada de perder a una o dos amigas. He tenido miedo de ofender o molestar. Y, ciertamente, me ha llevado mucho más trabajo orar, ser cuidadosa y reflexiva cuando se me ha pedido mi opinión sobre algo, a fin de ser sincera en lugar de encubrir la verdad o, al menos, cambiar de tema. Sin embargo, la dificultad en la comunicación ha palidecido en comparación con la libertad que ahora siento.

Ya no estoy atada a la que llamé la mentira más grande, la que inconscientemente me dije a mí misma: que si alguna vez fuera de verdad sincera, mi lista de amigos se reduciría a solo mi esposo y el perro de la familia. (¡Y ni siquiera tenemos un perro!). Pero este no ha sido el escenario en absoluto. De hecho, siento que mis relaciones —ya sea con personas dentro de mi familia o con amigos y compañeros de trabajo— se han fortalecido de manera significativa. Aunque todavía me gusta ser una animadora para los demás —alentándolos e instándolos hacia cosas más grandes— la paz mental que he obtenido gracias a mi nuevo hábito de tratar de ser directa, mientras al mismo tiempo expreso mi amor y cuidado por los demás, ha sido una de las áreas de mayor crecimiento en mi vida.

Y también he llegado a un lugar en mi vida donde mi corazón puede descansar con confianza, sabiendo que Dios anhela que yo hable la verdad con amor; que a él no le gusta la adulación y odia los labios mentirosos. Esta es solo una lección secundaria en la carrera general que estamos cursando: una maestría en temer a Dios en lugar de a los hombres. Dejemos de poner a otros en el lugar de Dios, colocando las opiniones que tienen de nosotras por encima de él y sus pensamientos.

Y así, si tú y yo fuéramos juntas a tomar una taza de café y saliéramos de compras, puedes confiar en que si eliges una bufanda que creo que se ve increíble en ti, te diré lo hermosa que te hace lucir, resaltando el precioso color de tus ojos. Por otro lado, si es más fea que maravillosa, es posible que me oigas comenzar mi respuesta con las palabras: «Bueno, no es mi favorita». Sin embargo, puedes confiar en que *tú* eres una de mis favoritas. Y porque valoro nuestra amistad, voy a arriesgarme a ser vulnerable y sincera, sabiendo que lo estoy haciendo para complacer a Dios y porque quiero lo mejor para ti.

Puedes contar con eso, mi querida hermana. Con toda sinceridad.

Verdaderas perlas para memorizar

Una manera eficaz de evitar que repitamos un comportamiento por el que se nos ha conocido en el pasado es memorizando una porción de la Escritura, o incluso un solo versículo, que hable de este hábito. Este es sin duda el caso con el tema de la sinceridad.

Aquí puedes encontrar algunos versículos sobre decir la verdad que tal vez quieras memorizar. Pueden ayudarte a hacer una pausa y realinear tu pensamiento con el de Dios antes de empezar a hablar una falsedad o adular con tus labios. (Para tu comodidad, también están impresos al final del libro, especialmente diseñados para fotocopiarlos o recortarlos con el fin de guardarlos en un lugar prominente, como el tablero de tu coche, el fregadero de la cocina, el espejo del baño o incluso en un sobre en tu bolso).

- «Dejen de mentirse unos a otros, ahora que se han quitado el ropaje de la vieja naturaleza con sus vicios, y se han puesto el de la nueva naturaleza, que se va renovando en conocimiento a imagen de su creador» (Colosenses 3:9-10).

- «Por lo tanto, dejando la mentira, hable cada uno a su prójimo con la verdad, porque todos somos miembros de un mismo cuerpo» (Efesios 4:25).

- «¿Quién, SEÑOR, puede habitar en tu santuario? ¿Quién puede vivir en tu santo monte? Solo el de conducta intachable, que practica la justicia y de corazón dice la verdad» (Salmos 15:1-2).

- «Más bien, al vivir la verdad con amor, creceremos hasta ser en todo como aquel que es la cabeza, es decir, Cristo» (Efesios 4:15).

- «El SEÑOR aborrece a los de labios mentirosos, pero se complace en los que actúan con lealtad» (Proverbios 12:22).

- «Yo sé, mi Dios, que tú pruebas los corazones y amas la rectitud» (1 Crónicas 29:17).

- «Las palabras veraces soportan la prueba del tiempo, pero las mentiras pronto se descubren» (Proverbios 12:19, NTV).

- «Estas son las cosas que deben hacer: díganse la verdad unos a otros, juzguen con verdad y con juicio de paz en sus puertas» (Zacarías 8:16, NBLA).

- «El que quiera amar la vida y gozar de días felices, que refrene su lengua de hablar el mal y sus labios de proferir engaños; que se aparte del mal y haga el bien; que busque la paz y la siga. Los ojos del SEÑOR están sobre los justos, y sus oídos, atentos a sus oraciones» (Salmos 34:12-15).

- «Hay seis cosas que el SEÑOR aborrece, y siete que le son detestables: los ojos que se enaltecen, la lengua que miente, las manos que derraman sangre inocente, el corazón que hace planes perversos, los pies que corren a hacer lo malo, el falso testigo que esparce mentiras, y el que siembra discordia entre hermanos» (Proverbios 6:16-19).

Capítulo 5

De qué manera influye en nosotros la era digital

La vida real es lo que sucede cuando el teléfono celular se está cargando.

—ANÓNIMO

*Por tanto, tengan cuidado cómo andan;
no como insensatos sino como sabios,
aprovechando bien el tiempo, porque los días
son malos. Así pues, no sean necios, sino
entiendan cuál es la voluntad del Señor.*

—EFESIOS 5:15-17 (NBLA)

Los sonidos delicados del canto de las aves y las olas perezosas tocando suavemente la orilla del océano emitían de mi reloj despertador en una fría mañana de lunes del mes de octubre. Salí de la cama dando tumbos, poniéndome mi mullida bata de baño favorita y comenzando mi rutina matutina mientras me enfrentaba a una nueva semana por delante.

La primera parada en mi rutina es en la cocina para encender mi querida cafetera. Mis hijos juntaron todo su dinero para mi cumpleaños el año pasado y me compraron un modelo elegante que no solo me prepara un delicioso café tostado oscuro, sino que también hace espuma. De esta manera, puedo tomarme un café con leche hecho a la medida sin tener que aventurarme a The Blue Owl, mi cafetería favorita.

Esa mañana, no podía esperar para envolver mis manos alrededor de una taza humeante con sabor a pecan de arce tostado. Con suerte, ahuyentaría el sueño de mi cerebro y me pondría en marcha. Miré mi celular junto a la cafetera donde lo había enchufado la noche anterior. Había comenzado a establecer la costumbre de desterrar mi teléfono del dormitorio para no sentirme tentada a tocar, deslizar y desplazar en lugar de ir a dormir a una hora decente.

Cuando desactivé el modo avión, alrededor de media docena o más de notificaciones comenzaron su baile matutino habitual, deslizándose en la parte superior de mi pantalla.

Dos miembros de la familia me habían escrito desde que apagué mi teléfono la noche anterior. Mi hija necesitaba la dirección de uno de sus abuelos para enviarles una tarjeta de cumpleaños. Y mi cuñada estaba informándole a nuestro grupo familiar que mamá Ehman se había caído la noche anterior en su residencia de ancianos, pero afortunadamente solo tenía moretones y ninguna fractura.

Había siete mensajes privados en Instagram. Dos eran de personas que conozco en la vida real. Los otros cinco eran de mujeres que me siguen en esa plataforma de redes sociales porque han leído mis libros o realizado alguno de mis estudios bíblicos. Entre estos mensajes privados había tres pedidos de recetas de la sopa de calabaza de otoño que había publicado sobre la cena de la noche anterior. Otra mujer quería saber si recomendaría recursos para criar niños pequeños.

La cosa no terminó ahí. Otro clic reveló un mensaje de alguien con quien solía asistir a la iglesia —pero de quien no había escuchado casi ni una sola palabra en más de cinco años— pidiéndome que escribiera una carta de recomendación estelar para ayudarla a conseguir un nuevo trabajo. Y ni siquiera me hagas hablar de mi correo electrónico. También estaba lleno de mensajes que contenían tareas que la gente quería que realizara y acciones que deseaban que llevara a cabo. Este conglomerado de mensajes amenazó con arruinar mi día casi antes de que empezara.

Sabía que la sofocante sensación de estrés que empezaba a introducirse en mi cerebro no era culpa de mi teléfono. Mi dispositivo estaba ahí colocado inocentemente en su lindo estuche color rosa chicle mientras estas peticiones se abrían camino hacia mi mañana. Aun así, tenía ganas de agarrar ese aparato electrónico y tirarlo contra las baldosas de la cocina, destrozándolo en pedazos. Quizás eso detendría la incesante acción de deslizar verticalmente mi dedo en el teléfono y haría que la gente ya me dejara en paz.

Mis sentimientos de frustración esa mañana eran evidencia de la relación amor-odio que tengo con mi teléfono.

Mi teléfono puede contener mi trabajo y mi calendario personal amalgamados en su pantalla, disponibles para verlos con solo un toque de mi dedo. ¡AMOR!

Mi teléfono puede recibir mensajes de personas que quieren que las ayude con algún dilema que tienen en su vida y que lo haga *ahora mismo*. ¡ODIO!

Mi teléfono puede inundar mi conexión con imágenes queridas de la nieta de mi ahijada, una princesa etíope de siete años de edad llamada Naomi. ¡AMOR!

Mi teléfono almacena mis cuentas de las redes sociales —junto con sus características de mensajes privados— que les permiten a completos extraños hacerme preguntas triviales o lanzar críticas no solicitadas acerca de todo, desde mi último peinado hasta mi elección de la versión de la Biblia. ¡ODIO!

Mi teléfono me ayuda a mantenerme conectada con compañeros de la escuela secundaria y la universidad, haciéndome saber cuándo han padecido alguna tristeza como el fallecimiento de un padre, o alcanzado un logro como una nueva promoción en el trabajo o una mudanza al otro extremo del país. ¡AMOR!

Mi teléfono puede interrumpir mi día, llenando mi lista de pendientes con tareas que otros inventan para mí sin siquiera pedir mi opinión en cuanto a si realmente debo cumplir con dichas tareas. ¡ODIO!

Captas la imagen digital, ¿verdad?

Todo el mundo, todo el tiempo

El amanecer de la era digital revolucionó completamente la manera en que vivimos. Claro, ha hecho muchas cosas más fáciles, como encontrar direcciones para llegar a un destino desconocido, o buscar una receta rápida pero deliciosa que utilizará ese montón de brócoli escondido en tu nevera que pronto se pondrá feo. Sin embargo, en muchos sentidos, también ha sido un detrimento, porque a todos, hasta a tus parientes, se les ha dado acceso para formular peticiones, incluso demandas, en tu vida.

Regresa por un momento a los días de tu infancia. Para la mayoría de nosotras, nuestra casa estaba equipada con un teléfono fijo. Y si esa línea fija no estaba provista de un contestador automático, dependía de la persona que llamara a tu casa hacer la conexión con quién quería hablar. Si marcaban tu número y no recibían respuesta, la responsabilidad de llamarte más tarde recaía sobre ellos. Sin embargo, hoy el guion es completamente diferente.

Si alguien quiere comunicarse contigo y no contestas el teléfono, simplemente te deja un mensaje de voz. O ni siquiera tiene que tratar de hablar contigo en absoluto. Solo puede enviar un mensaje de texto. Enviar un mensaje privado por las redes sociales. Mandarte un correo electrónico. Y ahora depende de ti responder sus preguntas o conceder sus solicitudes.

Cuando todos estos mensajes inundan mi teléfono, siento que ya no estoy a cargo de la lista de tareas pendientes. Es como si alguien hubiera tomado el lápiz de mi mano y garabateado un montón de quehaceres en mi lista, sin ninguna participación, y ciertamente sin ningún permiso de mi parte.

Que nuestra lista de tareas sea cada vez más larga es solo una parte del problema. Casi igualmente perjudicial es la percepción errónea que otros tienen de nuestra accesibilidad debido a la era digital. Las personas ahora sienten que pueden acceder a ti de forma inmediata. ¡Incluso piensan que tienen acceso instantáneo a sus celebridades favoritas! Cuando era una adolescente, si quería enviarle un mensaje a mi estrella de televisión favorita, tenía que intentar localizar la dirección de su club de admiradoras. Entonces, tomaría un lápiz y elaboraría una nota que dejaría caer en un buzón, con la esperanza de que cuando la recibieran pudieran leerla.

¡Sin embargo, las cosas han cambiado! Ahora, con un pequeño dispositivo en nuestras manos, podemos tuitearle a una celebridad. Podemos enviarles un mensaje privado a través de Instagram. O publicar algo en Facebook, etiquetarlos y usar un numeral inteligente también, todo con la esperanza de que reciban nuestro mensaje. Y de hecho, tenemos mil por ciento más de posibilidades de que nos oigan hoy que las que teníamos en los días de las cartas de los fanáticos por correo postal. Las redes sociales están llenas de interacciones entre los famosos y los Joes y Janes cotidianos.

Quizás lo más irritante para mí no haya sido esta sensación de acceso instantáneo de parte de personas desconocidas. Más bien, es el tiempo de respuesta esperado que la gente en mi vida real anticipa cuando me contacta de forma digital. Las personas asumen que estás atada a tu teléfono, teniéndolo siempre encima. Esperan que respondas al instante cualquier mensaje que te puedan enviar, ya sea con un texto o de cualquiera otra forma. Tal vez sus expectativas en este plano se deban al hecho de que ellos mismos nunca están sin sus teléfonos. Su vida se caracteriza por una interacción constante con su dispositivo. Por lo tanto, encuentran bastante extraño cuando una no se maneja de la misma manera.

Tomemos por ejemplo los mensajes de texto. Los estadounidenses envían más de veintiséis mil millones de mensajes de texto por día. (¡Sí, millones, con una M!). Y en promedio, el estadounidense típico envía y recibe noventa y cuatro mensajes de texto por día y pasa unos cincuenta y cinco minutos al día solo leyendo y enviando estos mensajes.[1]

¿Y qué tan rápido las personas que forman parte de tu vida esperan que respondas a uno de esos mensajes digitales que te envían? Bueno, si es un cliente o un jefe y es durante las horas de trabajo, esperan una respuesta en una hora o menos. Sin embargo, si no es durante tus horas laborales y estás intercambiando mensajes de texto con un miembro de la familia o un amigo, el noventa y cinco por ciento de estos mensajes se leerá dentro de los cinco minutos de haberse enviado, con el tiempo de respuesta promedio esperado para un mensaje de texto siendo de apenas noventa segundos.[2]

Este acceso instantáneo, combinado con la respuesta rápida esperada, hace que las personas se irriten si no reciben una contestación en lo que ellos consideran a tiempo. Y el hecho de que tengamos una presencia en línea, especialmente en nuestras cuentas de redes sociales, ha ampliado aún más todo el escenario.

Un día mi hija estaba pasando un tiempo aquí con nosotros en Míchigan tras haber hecho el viaje desde su casa en Carolina del Norte. Nos encontrábamos relajándonos en la cubierta trasera, bebiendo café frío y poniéndonos al día con nuestras vidas. Tenía su celular cerca de donde se había estado encargando de algunos temas del trabajo. Es dueña de un salón de belleza, por lo que todavía tiene que solucionar problemas desde lejos cuando está de vacaciones. También acababa de publicar una foto en su cuenta de Instagram, diciendo lo feliz que estaba de hallarse en casa en el Medio Oeste, disfrutando de un descanso en familia.

De repente, suena su teléfono. Era una notificación alertándola de un mensaje de Facebook de alguien con quien no había tenido contacto desde hacía unos años. Ella no era cercana a esta persona, pero eran amigas en Facebook. Quería algo de información acerca de una amiga cercana de mi hija que estaba pasando por un momento difícil en su matrimonio y probablemente se divorciaría. Mi hija ignoró el mensaje. Estaba de vacaciones, dedicando tiempo a su familia y no quería que la molestaran. Sin embargo, lo más importante, ella no consideraba que el matrimonio de su amiga fuera asunto de esta persona.

Continuó dejando su teléfono allí, planeando no responder durante al menos un par de días. No obstante, la persona curiosa —y bastante persistente— al otro lado del mensaje no cedía. Le envió un segundo mensaje. Y luego un tercero. Por último, ella dijo algo que yo no podía creer y que hizo enfurecer a mi hija.

«Por favor, respóndeme el mensaje», comenzó de manera asertiva. Y luego, la acción que no podía creer que hiciera y que me tomó por sorpresa, pero que mi hija aseguró que le había sucedido varias veces. La persona continuó alegando: «Sé que estás con tu teléfono. Acabo de verte publicar en Instagram. Estoy esperando tu respuesta. Respóndeme, por favor».

¿Qué le sucede al mundo? No podía creer que ella empezara a mangonear —por no decir prácticamente a intimidar— a mi hija acechándola en las redes sociales. Desde ese día, he notado este fenómeno en mis propias actividades digitales. Debido a que transmitimos constantemente las actividades de nuestros días en las redes sociales, otros conocen nuestro paradero. Y saben que tenemos nuestros teléfonos encima cuando nos ven publicar. (O al menos eso piensan. Uso una aplicación de programación para algunas de mis publicaciones en las redes sociales; de modo que puedo precargarlas el fin de semana y luego relajarme por el resto de la semana si quiero).

Hace años, si una amiga quería reunirse un día en particular, pero le dijiste que no estabas disponible, por lo general era el final de la historia. Podías hacer planes para verse en una fecha posterior; y con suerte no habría ningún resentimiento.

Haz un avance rápido hasta hoy. Un día, una amiga podría pedirte que salgas a tomar un café. Cortésmente te niegas, diciéndole que tienes otros planes. Sin embargo, lo que tu amiga quizás no sepa es que tus otros planes incluyen almorzar con otra amiga. Y entonces, te diriges a la cita para almorzar, olvidando completamente que rechazaste ir a tomar un café unas horas antes. Luego —como muchas de nosotras tenemos la costumbre en las redes sociales— publicas una pintoresca foto instantánea de tu deliciosa ensalada Cobb colocada junto al sándwich de portobello tostado y las batatas fritas que tu amiga está disfrutando. Seleccionas la ubicación del restaurante al publicar. También etiquetas a tu amiga en tu publicación y añades la etiqueta #almuerzoconamigas.

¡Ay!

Terminas con tu ensalada y luego —mientras revisas el menú de postres, tratando de decidir entre el pastel de lima o el pastel de chocolate sin harina— tu teléfono celular suena. Es un mensaje de texto de la chica que quería tomar un café. Ella dice algo sarcástico, sus sentimientos obviamente están heridos. Y ahora tu corazón siente cierta ansiedad sobre la incomodidad anticipada de discutir la situación con ella. Nunca quisiste herir sus sentimientos. Y obviamente, cuando publicaste tu foto, ni siquiera estabas pensando en que tu amiga te seguía en las redes sociales e iba a ver que estabas almorzando con alguien más ese día.

¿Hay una manera de evitar la ofensa en este escenario? Si la amiga que quería ir a tomar un café no se sintiera insegura acerca de tu amistad —y si tú hubieras sido sincera en cuanto a la razón por la que estabas rechazando su invitación, haciéndole saber que ya tenías otra cita para almorzar con una amiga— se eliminaría el potencial de una situación problemática en las redes sociales. No obstante, cuando las inseguridades se esconden en el corazón del otro —y haces una crónica de lo que sucede en tu vida cada día en las historias de Instagram— es posible que te encuentres en una situación en la que sientas que debas dar algunas explicaciones.

¿Pero les debemos a las personas que forman parte de nuestras vidas alguna justificación por nuestra elección de actividades? ¿No podemos simplemente vivir nuestros días como queramos, sin importar si esto hace que alguien más se moleste, se ponga celoso o incluso se enoje? ¿Cómo navegar por la difusión constante de la agenda de nuestro día sin enredarnos como sucede con esos tres pares de auriculares con cable que tienes en el fondo del cajón de tu escritorio? ¿Cómo lidiamos con *todas las personas* que parecen tener acceso a nosotras *todo el tiempo* mientras nos observan disfrutar nuestras vidas allí mismo en la palma de sus manos?

Estrategias para la era digital

Si no ideamos estrategias para evitar que la gente nos coaccione a través de sus interacciones digitales, nos encontraremos sintiéndonos siempre sutilmente, o incluso abiertamente, presionadas. He aquí algunos conceptos a considerar y prácticas a adoptar que nos ayudarán a superar el estrés que a menudo sentimos proveniente de nuestros teléfonos.

Primero... está bien... esto puede ser difícil para algunas de nosotras...

Sé sincera acerca de tu propia adicción al teléfono

Lo sé. Lo sé. No crees que tengas un problema con el uso de tu teléfono. Desde luego que solía creer eso de mí. Eso fue hasta que mi amiga Lindsey me contó sobre el día en que comprobó el uso de su propio teléfono celular a través de una aplicación que guardaba registro de este, ¡incluso de cuántas veces se tocaba el teléfono! Hasta entonces, nunca había considerado cuánto tiempo realmente pasaba en las redes sociales o navegando viendo entradas de blogs y sitios web. O incluso el tiempo que dedicaba a mandarles mensajes de texto a otras personas. Cuando finalmente una noche tomó nota de las veinticuatro horas previas de actividad, se sorprendió de cuánto tiempo había pasado ese día en su teléfono y los cientos —¡sí, cientos!— de veces que lo había agarrado.

Y así, inspirada por su búsqueda de autoconciencia, decidí no cambiar mis hábitos en absoluto y comprobar al final de la próxima semana cuánto tiempo había pasado en mi teléfono. (Mi teléfono en realidad lleva un registro interno sin ninguna aplicación externa). Soy bastante buena limitándome en Facebook e Instagram, y paso muy poco tiempo husmeando en diferentes blogs y sitios web. Pero en mi caso, me atrae Twitter. Me gusta revisarlo por la noche antes de ir a la cama para ponerme al día con las noticias.

Ahora bien, si me hubieras preguntado cuánto tiempo pasaba en Twitter cada noche, habría estimado de diez a quince minutos. El tiempo suficiente para revisar los canales de noticia y ver qué pasa en el mundo. No podía creer cuando al final de la semana vi que el tiempo promedio que había pasado en Twitter cada noche era de cuarenta y siete minutos. ¡Eso totaliza 329 minutos a la semana! Haz las cuentas conmigo. ¡Estaba pasando cinco horas y media a la semana malgastando mi tiempo en Twitter!

Esta llamada de atención me obligó a tomar dos medidas: establecer un límite de quince minutos en mi aplicación de Twitter y también dejar de llevar mi teléfono al dormitorio antes de ir a dormir. Ahora este pasa la noche en la encimera de la cocina, donde ya no puedo ver su pantalla intermitente haciéndome señas para revisar otra noticia.

Sé sincera sobre cuánto permites que tu teléfono te controle en lugar de que sea al revés.

Eso nos lleva a la siguiente sugerencia.

Predetermina algunos límites digitales

Cuando se trata de bienes raíces, se trazan líneas divisorias para delimitar su propiedad de la de su vecino. Estas muestran el punto donde termina tu propiedad y comienza la de ellos. En las relaciones, los límites sirven como una línea divisoria que muestra su espacio personal y hasta qué punto alguien puede aventurarse en este.

Seré la primera en admitir que soy muy mala con los límites. A lo largo de los años establecí un patrón de conducta que les decía a las personas en mi vida que estaba dispuesta a dejar todo lo que estaba haciendo y ayudarlos. Realmente no los culpo por sobrepasar sus límites. Les enseñé con mi comportamiento cómo podían tratarme. De haber tenido algunos límites, no estaban firmes. Eran como la tela de araña más delgada que brilla con el sol de la mañana. Fácil de ver, pero incluso una brisa podía atravesarla.

Cuando se trata de nuestros teléfonos celulares, un límite podría asemejarse a esto: al llegar el momento de la cena familiar, colocarás tu teléfono celular en el modo *No molestar*. Esta característica permite llamadas solo de aquellos en tu «lista de favoritos». Tú eres la que creas esta lista. En lo personal, tengo en ella a los miembros de mi familia inmediata, todos los abuelos, la residencia de ancianos donde vive mi suegra y mi jefe directo en el trabajo en caso de que surja una emergencia. Cuando pongo mi teléfono en el modo *No molestar* —desde el momento en que me siento a cenar hasta la mañana siguiente cuando enciendo la cafetera— todas las demás llamadas y mensajes de texto son silenciados. (Esta característica permite que una llamada suene si dos llamadas vienen del mismo número en menos de tres minutos. De esa manera, alguien con una verdadera emergencia todavía puede localizarte).

Después de un tiempo, las personas en mi vida han llegado a conocer este límite que he establecido y ya no esperan una respuesta instantánea. Saben que no veré su mensaje de texto hasta la mañana siguiente. También puedes generar una respuesta automática que se enviará cuando tu teléfono sepa que estás conduciendo. El mío dice: «Estoy conduciendo con la función *No molestar* encendida. Veré su mensaje en algún momento cuando llegue a mi destino y tenga tiempo para responder. Muchas gracias».

Los límites te ayudarán en el área de los mensajes de texto. Sin embargo, ¿qué pasa con todos los lugares donde la gente te puede encontrar en línea? Para eso te sugiero esto...

Comunica un programa de redes sociales con tu comportamiento constante

Creo que todas conocemos el poder de las redes sociales. Se pueden utilizar para el bien: a fin de promover una petición y lograr el cambio necesario. Pueden ser un lugar divertido para entretenerse: cuando le envías a una amiga un vídeo muy gracioso que se volvió viral. Lamentablemente, también se puede utilizar para hacer el mal: como acosar a los niños en línea. Sin embargo, ¿alguna vez se te ocurrió que tu comportamiento en las redes sociales les da una pequeña lección a las personas con las que te conectas?

¡Es verdad! Para probar mi punto, déjame hacerte algunas preguntas. ¿Puedes pensar en alguien que esté en una de tus cuentas de redes sociales —digamos Facebook— que siempre es la primera persona a la que le gusta una publicación o un comentario? Conozco a una de esas personas en mi familia extendida. Él tiene un trabajo de tiempo completo fuera de su casa, pero parece que anda con su teléfono encima todo el día, porque no importa cuándo yo o cualquier otra persona de la familia publica algo, noventa y nueve veces de cien será el primero en cliquear «me gusta» o hacer algún comentario.

Pero entonces, piensa en lo contrario. ¿Hay personas con las que te conectas en las redes sociales a las que sabes que rara vez les gusta una publicación o realizan un comentario? De hecho, te sorprendes bastante cuando sabes de ellos, y por lo general es solo el mensaje obligatorio de Facebook de «Feliz cumpleaños» el que te envían todos los años.

Cada una de estas personas te ha comunicado su programa de redes sociales. Al igual que un instructor —que te da un panorama claro de lo que puedes esperar durante el año escolar en el programa que entregan el primer día de clase— estas personas, con sus repetidos patrones de comportamiento, te han dicho exactamente lo que puedes esperar de ellas. Y tú estás haciendo lo mismo con las personas en tu vida.

Valdrá la pena tomarte el tiempo para examinar tus acciones digitales y considerar si están aumentando la presión que sientes de parte de otros. Si la gente se ha dado cuenta de que eres una de las primeras en dedicarse de lleno a ayudar o en inscribirse como voluntaria, te convertirás en una persona a quien acudir cuando necesiten que se haga algo. Si has dado la impresión de que estás constantemente haciendo clic, dando «me gusta» y comentando, puedes irritar a alguien cuando ven que no le has colocado un «me gusta» a su publicación. (Sé que esto es más frecuente en los adolescentes, pero incluso los adultos parecen molestarse si a alguien no le gusta una de sus publicaciones).

De hecho, solía ser culpable de darles demasiados «me gusta» a las publicaciones en las redes sociales. Luego, Facebook introdujo un símbolo de corazón además de su pulgar azul hacia arriba como una reacción a una publicación. Una amiga mía dijo que iba a ser muy selectiva con respecto a cuáles publicaciones les daría un corazón. Después de todo, si los repartimos por doquier, eso realmente disminuye el significado del corazón, ¿cierto? Ahora respondo y comento con mucha menos frecuencia, y reservo esos corazones solo para las publicaciones que en verdad me conmueven.

También es posible que quieras explorar la posibilidad de aplicar otros límites y parámetros ajustando tu configuración en tus cuentas de las redes sociales. Solía dedicar al menos una hora a la semana para responder los mensajes privados que recibía en mi página de Facebook. Muchos de estos mensajes eran de personas que querían saber si yo promovería su negocio de comercialización de niveles múltiples o si incluiría su emprendimiento en mi sitio web. Otros me pedían que les ayudara a resolver problemas personales, a pesar de que no soy psicóloga. En raras ocasiones algunas de estas solicitudes fueron algo que necesitara saber o en lo que fui capaz de ayudar. Finalmente, se me ocurrió una simple solución. Desactivé la función de mensajería privada de mi página de Facebook. La gente todavía puede enviar un correo electrónico a través de mi sitio web, pero me parece que es menos probable que lo hagan.

A continuación... oh, este me llevó un buen tiempo adoptarlo...

Familiarízate con la función de bloqueo y el botón de eliminar

Si poner en marcha determinados parámetros y comunicar un programa constante en las redes sociales no resulta suficiente, es posible que tengamos que tomar una medida aún más drástica. Después de lamentarme con una amiga cierto día sobre las muchas peticiones que estaba recibiendo para promover libros de personas sobre las que nunca había oído hablar o para presentar sus productos en mi sitio web o mis cuentas de las redes sociales —a veces múltiples mensajes en un día de la misma persona— mi amiga sabia me miró y simplemente dijo: «Bueno, hay una solución. Borra su comentario y no respondas. Y si alguien te está acosando repetidas veces, ¡bloquéalo!».

¿Borrar y bloquear? ¡Pero eso parece tan extremo! Sin embargo, déjame decirte que ha salvado mi cordura en las redes sociales. El acceso que las personas tienen a ti en línea ahora les ha concedido licencia para molestar, por no decir acosar. No tengas miedo de usar estas herramientas eficaces si es necesario.

Siguiente...

Acepta los resultados de tus límites y comportamientos sin sentirte culpable

Bien, hermana, me estoy predicando a mí misma sobre esto. Hace unos años fue terriblemente difícil para mí seguir el consejo que les estoy dando aquí. Aunque en la mayoría de los casos la gente entendía mis límites y los respetaba, algunos se irritaban un poco, por no decir que realmente se enfadaban conmigo. Unos cuantos me lo hicieron saber.

Por ejemplo, había una mujer —alguien que ni siquiera conocía— que me vio publicar que estaba haciendo sopa de maíz con queso para mi hijo y sus compañeros de fútbol, y entonces me envió un mensaje en Facebook pidiéndome la receta. No respondí a propósito. Fue un día que estuve muy ocupada y no tenía tiempo de sentarme y escribir una receta completa. Cuarenta y cinco minutos más tarde, me volvió a enviar un mensaje. Y otra vez un par de horas más tarde. Todavía no le respondí. Y entonces sacó su arma secreta: su esposo. Él me envió un mensaje informándome que su esposa me había contactado varias veces a fin de conseguir la receta y estaba planeando hacerla para que él la cenara esa noche. Me pidió con determinación que se la diera amablemente, porque se estaba haciendo tarde y ella necesitaba ir al supermercado a fin de comprar los ingredientes antes de comenzar a preparar su cena.

¿Puedes creerlo?

¡El descaro! ¡El atrevimiento! Me quedé atónita. Esperé dos días completos y luego les respondí a ambos. Fui educada y amable. Le agradecí a la esposa por seguirme y le dije que no tenía tiempo en mi agenda ese día para escribir una receta. Sin embargo, estaba planeando una próxima publicación en mi blog sobre mis cinco mejores sopas de otoño favoritas e iba a incluir esa en la lista. Le dije que permaneciera atenta, porque la receta se publicaría en unos días. No estoy segura de cómo se sintió acerca de mi respuesta tardía, porque nunca más supe de ella. (¡Caramba, espero que su pobre esposo no haya pasado hambre esa noche!).

Otras personas que no estuvieron satisfechas con mis nuevos límites fueron individuos que conocía en la vida real. Una era alguien que conocí hace más de veinticinco años cuando estaba en la preparatoria. Yo era amiga de su hermana, pero no tanto de ella. Ella resultaba más bien una conocida. Su mensaje comenzó así: «Oye, querida amiga», una frase que se ha vuelto un desencadenante para mí. Cada saludo de «Oye, querida amiga» suele ir seguido por una gran petición. La frase hace que mis «antenas» inmediatamente se paren cuando la leo.

En fin, me contó que había estado siguiendo mi ministerio y mi carrera y sobre lo feliz que estaba de que me hubiera convertido en autora. ¿Y luego? Entonces vino la pregunta. Bueno, en realidad, no era una *pregunta*, sino más bien un *comentario*.

Sentía que el Señor la estaba llamando a escribir un libro. No discutiré eso en absoluto; es muy posible que haya sido Dios. Sin embargo, no estoy de acuerdo con lo que me comentó a continuación. Dijo que había estado orando sobre cómo entrar en la industria editorial y que Dios le trajo mi nombre a su mente. Quería reunirse para «aprovechar mi conocimiento» y que la ayudara a escribir una propuesta del libro, y luego hacerlo llegar a las manos de un editor. Y confiadamente sacó la carta de Dios, diciendo que todo fue idea suya en primer lugar. ¿Quién va a decirle que no al Señor?

No podía dejar de pensar en que si fuera idea de Dios, ¿por qué se había olvidado de decírmelo? Probablemente le di demasiadas explicaciones cuando le respondí. Yo era nueva en esto. No obstante, le hice saber que no tenía el tiempo en mi vida para entrenar a los clientes de forma individual. Además, lo hago profesionalmente como parte de la *Capacitación para Escritores COMPEL de Proverbs 31 Ministries,* entrenando a pequeños grupos de clientes por encargo. Eso no quiere decir que no ayudaría a una amiga a escribir un libro. He ayudado a algunas que son amigas cercanas. (Traducción: aquellas con las que interactúo todas las semanas. Las que traen un estofado cuando mi familia está de duelo o a quienes invito a una fogata en el patio trasero. No a conocidas de los que no he oído en décadas).

Cuando implementas algunos límites firmes, no hay duda de que eso va a molestar a algunas personas, y es posible que tengas que mantener algunas conversaciones incómodas. Sin embargo, estarás salvando tu salud mental al monitorear tu capacidad y usar tu tiempo sabiamente. No dejes que la culpa te afecte. Por lo general, es una culpa falsa, acumulada sobre ti por la otra persona. Incluye este asunto en tus oraciones, y si Dios realmente te está llamando a aceptar una petición, él traerá convicción, no culpa.

Cómo pasar la prueba de la pantalla

Las peticiones que nos llegan hoy van más allá de la antigua solicitud: «¿Puedo pedirte prestada una taza de azúcar?» de la vecina de al lado de años pasados. Ahora la gente necesita que les enviemos el enlace, que les digamos dónde compramos algo que ven en nuestra publicación de Instagram, que coloquemos nuestro nombre en la hoja de registro digital o —la que más pavor me da— que compartamos sus imágenes cursis si «realmente amamos a Jesús y no nos avergonzamos de ello». La era digital ha amanecido, proporcionando aún más vías para aquellos que quieren nuestro tiempo, pidiendo —o incluso exigiendo— que les ayudemos.

Mi oración por ti es la siguiente: que cuando abras tu computadora portátil o deslices la pantalla de tu teléfono, ya hayas puesto en marcha medidas que reducirán de manera significativa el número de personas que tratan de que hagas algo, incluso haciéndote sentir culpable para conseguirlo. Si no eres intencional para administrar tu tiempo, hay docenas de personas por ahí esperando ocuparlo por ti. Solo necesitan enviarte un mensaje.

Mantente firme, pero a su vez sé agradable y amable. Pon en práctica algunos parámetros que sean saludables para tus relaciones y liberadores para ti. No permitamos que otros nos tienten a ser complacientes por cómo nos tratan digitalmente.

Capítulo 6

Cómo vivir en el «No»

Aprende a decir que no; te será más útil que
saber leer latín.

—CHARLES HADDON SPURGEON

Antes bien, sea el hablar de ustedes: «Sí, sí» o
«No, no»; porque lo que es más de esto, procede
del mal.

—MATEO 5:37 (NBLA)

Mi verano de lo necesario y de no fue muy revelador para mí. Debido a que me había propuesto no asumir nada más allá de lo que era esencial para mi hogar, mi familia y el trabajo en el ministerio, fue evidente con qué frecuencia me pedían que asumiera una responsabilidad, concediera una solicitud o ayudara a alguien. No me volví experta en articular la palabra *no* de inmediato. Fue doloroso al principio y me llevó algún tiempo acostumbrarme. (De acuerdo. ¡En realidad todavía no me acostumbré del todo!). Sin embargo, tener que decir no tantas veces en esos pocos meses para mí destacó cuántas oportunidades están golpeando a nuestras puertas, tratando de que digamos que sí.

Es esa compañera de trabajo que necesita ayuda con algo que no es en absoluto tu área de especialización, pero debido a tu amistad con ella, aceptas.

Es el pariente que acaba de comprar su primera casa, con seis habitaciones que necesitan pintura, y que nunca ha pintado antes. No obstante, como sabe que eres una profesional con la brocha, se pregunta si podrías llegar en media hora a su casa para ayudarlo a terminar uno o dos cuartos.

Es el comité de la iglesia que tiene un lugar reservado para ti, porque eres muy buena en organizar eventos para mujeres. O la maestra de tu hijo que quiere ayuda con el proyecto del aula; o su entrenador, que necesita a alguien para organizar todos los aperitivos después del partido durante la temporada. O es la vecina que quiere que alimentes a sus gatos dos veces al día durante la semana siguiente mientras no están en casa, y también que vacíes su arenero a diario.

Y luego están los que consiguen tu sincera simpatía. Tu amiga recién divorciada que necesita una niñera durante ocho horas el sábado para asistir a un curso de fin de semana en la universidad comunitaria local; ella espera comenzar su educación para poder encontrar un trabajo con una mejor remuneración. Otra amiga está organizando una entrega de comida para alguien que acaba de sufrir el fallecimiento de un miembro de la familia. Y luego llama tu prima, quien está organizando un horario con los parientes que puedan pasar la noche con la abuela a fin de que pueda seguir viviendo en su casa en lugar de mudarse a un complejo de apartamentos para ancianos.

Aceptar estas peticiones no solo hace que nuestro nivel de estrés esté por las nubes, sino que también elimina cualquier espacio en blanco en nuestros calendarios que podamos tener para vivir más eficazmente nuestras prioridades: pasar tiempo con Dios, nuestras familias, disfrutar de un pasatiempo, o simplemente recibir el descanso que tanto se necesita. Cada vez que decimos sí a algo que no deberíamos, le estamos diciendo no a algo importante.

Una de las personas más sabias que conozco en el ámbito de cuándo decir que sí y cómo decir que no es mi amiga cercana (y la presidenta de Proverbs 31 Ministries) Lysa TerKeurst. En su útil libro *El mejor sí: Libérese del sentido de obligación de agradar a todos*, ella compartió algunos consejos que aprendió del pastor Louie Giglio: «Cada vez que le dices que sí a algo, hay menos de ti para otra cosa. Asegúrate de que tu sí merite ese menos».[1]

Observar el comportamiento de Lysa a lo largo de más de dos décadas de amistad me ha enseñado mucho sobre el significado de nuestras simples respuestas de *sí* o *no* y la capacidad que tienen no solo de afectar nuestras agendas, sino también nuestra salud mental. Ella ha logrado algunas cosas asombrosas en su vida, tanto en su familia como en su ministerio. Sin embargo, poder observarla de cerca me ha mostrado que nada de esto es por accidente. Esto se debe a que ella conoce el poder de sus palabras, de aquello a lo que se refiere como un pequeño no.

Decirles no a las cosas que discernimos —a través de la oración y el estudio de la Palabra de Dios— que no son para nosotras, nos libera para decirles sí a las tareas importantes que Dios tiene para nuestras vidas. Es necesario caminar en armonía con Dios para decirle valientemente sí a lo que él nos ha llamado a hacer solo *después* de que se nos haya asegurado que debemos decirles no a algunas cosas menores. He oído a Lysa resumir esto con un consejo: «Descubre ese sí valiente. Lucha por ese no seguro».

Cuando aprendemos a decir no con confianza, nos liberamos para decirle sí a lo que Dios —no otras personas— nos está pidiendo que hagamos.

¿Cuál es la voluntad de Dios?

Encuentro bastante fascinante todo el concepto de la voluntad de Dios, y pienso que resulta un tema donde puedes encontrar personas en todo el espectro en cuanto a su significado. También afirmo que es un área donde la gente a menudo tiende a confundirse. Lo encuentran muy misterioso y difícil de entender. Temen con tal desesperación cometer un error, que se desvían del único camino perfecto que Dios tiene para ellos. Ya sea que se trate de a qué universidad deberíamos asistir, si —o con quién— nos vamos a casar, cómo criar a un hijo o qué casa comprar, imaginamos a Dios sentado en las nubes, con una fórmula perfecta, pero de algún modo extremadamente complicada, para saber exactamente cómo debe resultar nuestra vida. Él tiene una hoja de ruta intrincada con líneas punteadas que muestran cada decisión que debemos tomar. Si alguna vez tomamos la equivocada, somos destituidos de la voluntad perfecta de Dios. Sin embargo, ¿es este realmente el caso? No hay duda de que nuestras decisiones son importantes, ¿pero son tan esotéricas que resultan casi imposibles de comprender?

Haz una búsqueda en Internet con la frase *cómo encontrar la voluntad de Dios para mi vida,* ¡y no te alcanzaría el resto de tu vida para leer las decenas de miles de resultados que aparecen! Tratemos de no complicar las cosas, creando un cuadro útil para discernir cuándo debes decir que sí y cuándo es más beneficioso para ti decir que no, y cómo esto se relaciona con la voluntad de Dios. Como siempre, la Escritura tiene la llave para ayudarnos a navegar por la vida y a través de situaciones como estas.

Aquí hay algunas preguntas para hacerte, junto con algunos pasajes que te ayudarán con las respuestas:

¿He estado orando con determinación sobre las decisiones que tengo que tomar a diario en mi vida?

Ora de acuerdo con Romanos 15:5-6, que declara: «Que el Dios que infunde aliento y perseverancia les conceda vivir juntos en armonía, conforme al ejemplo de Cristo Jesús, para que con un solo corazón y a una sola voz glorifiquen al Dios y Padre de nuestro Señor Jesucristo».

Pídele al Padre que te dé ánimo y te conceda perseverancia. Ora para que tengas la mente de Cristo en tus decisiones diarias con respecto a cómo te afectan no solo a ti, sino a otros también.

Pídele a Dios que te permita tomar decisiones sabias que glorifiquen su nombre.

El apóstol Pablo escribe en 1 Corintios 2:15-16: «El que es espiritual lo juzga todo, aunque él mismo no está sujeto al juicio de nadie, porque "¿quién ha conocido la mente del Señor para que pueda instruirlo?" Nosotros, por nuestra parte, tenemos la mente de Cristo».

Ora para que el Espíritu Santo te permita juzgar con sabiduría, en lugar de solo apoyarte en tu propio razonamiento humano.

Luego, agrega estas preguntas a tu tiempo de oración diaria con Dios:

¿Es esto de algún modo contrario a lo que Dios ha establecido en la Escritura?

Esta ponderación importante te permitirá decir no de buenas a primeras en algunos casos. Nunca debemos decirles que sí a las acciones que sabemos que son contrarias a la Palabra de Dios. Estas pueden parecer bastante obvias y no necesitar abordarse, pero te sorprenderías de cuántas personas se enredan en un completo desastre porque no le dijeron que no a algo que Dios prohíbe en su Palabra.

Por ejemplo, ¿tu cónyuge quiere que inventes información sobre tus impuestos, diciendo mentiras que resultarán en una devolución de impuestos superior? ¿Tu compañero de trabajo te pide que lo cubras y le mientas a tu jefe sobre su paradero, porque sabe que si se descubre la verdad estará en problemas? En cada uno de estos escenarios, nuestras respuestas deben ser claras. La Palabra de Dios afirma que mentir está mal. Entonces, debemos decir que no cuando se nos pide hacerlo. Mira, me doy cuenta de que esto puede resultar más fácil de decir que de hacer, especialmente si has desarrollado un hábito en el pasado de mentir por estas personas. Sin embargo, podemos ahorrarnos un drama o sufrimiento si nos rehusamos a participar en cualquier cosa que Dios dice que está mal.

¿Me he tomado el tiempo para meditar y orar sobre esta petición específica?

A veces, dar una respuesta equivocada se debe al hecho de que hemos respondido a la solicitud de inmediato, sin tomarnos el tiempo para reflexionar y pedirle a Dios su dirección. Al hacerlo, podemos mantenernos en el camino correcto en lugar de desviarnos porque nos precipitamos en responder. Proverbios 29:20 se hace eco de este pensamiento:

> ¿Ves a un hombre precipitado en sus palabras?
> Más esperanza hay para el necio que para él. (NBLA)

Y el libro de Santiago, uno de los libros más prácticos de la Biblia como también uno de mis favoritos, también nos exhorta a no ser tan rápidos para hablar:

> Mis queridos hermanos, tengan presente esto: Todos deben estar listos para escuchar, y ser lentos para hablar y para enojarse... (Santiago 1:19)

Cuando hacemos una pausa y oramos, estamos mejor posicionadas para tomar la mejor decisión. Y comunicarse con Dios a través de la oración puede ayudar a quitar la ansiedad y la preocupación que surgen en el proceso de toma de decisiones cuando tememos que podríamos responder erróneamente.

Pablo escribe en Filipenses 4:6-7:

> No se inquieten por nada; más bien, en toda ocasión, con oración y ruego, presenten sus peticiones a Dios y denle gracias. Y la paz de Dios, que sobrepasa todo entendimiento, cuidará sus corazones y sus pensamientos en Cristo Jesús.

¿Cuándo sugiere este pasaje que acudamos a Dios en oración? En toda «ocasión». Y créeme, muchas de las peticiones que nos llegan exigiendo una respuesta de sí o no pueden llevarnos a encontrarnos en algunas situaciones graves, atrapadas por nuestra respuesta afirmativa. Así que detente, reflexiona, ora y luego también pregúntate si has intentado esta práctica antigua pero efectiva...

¿He confeccionado una lista de pros y contras?

Bueno, sé que esto suena como una práctica para tomar decisiones que tu madre te enseñó en séptimo grado cuando intentabas decidir qué deporte escoger, pero en realidad es un ejercicio muy útil. Ya sea que lo hagas digitalmente o de la manera tradicional en un cuaderno con un bolígrafo (¡tengo algunos bolígrafos de color rosa y turquesa que compré solo para este fin!), escribe la solicitud, la oportunidad o la pregunta en la parte superior de la hoja. Luego, justo debajo, en un lado apunta los «pros» y en el otro lado los «contras», formando dos columnas.

Anota cualquier cosa que venga a tu mente y encaje en cualquiera de estas dos categorías cuando pienses en decirle que sí a la oportunidad, la solicitud o la pregunta. Este no es un ejercicio que vayas a terminar en cinco minutos. Dedica al menos de veinte a treinta minutos para pensar mientras creas tus listas. Luego, deja la libreta y el bolígrafo y aléjate por veinticuatro horas.

Revisa las listas al día siguiente y lee lo que has escrito, añadiendo cualquier elemento adicional en cualquiera de las columnas. A menudo, ver las ventajas y las desventajas de una situación escritas en blanco y negro (¡o en mi caso, en turquesa y rosa!) justo delante de ti puede ayudarte a llegar a una conclusión.

Si sientes que te estás inclinando a un sí en determinada situación, considera lo siguiente:

¿He tenido en cuenta cómo decir que sí afectará a mis otras funciones y compromisos?

Cada vez que le decimos que sí a un compromiso, estamos poniendo una nueva responsabilidad en nuestro plato. A menos que tengamos en el plato mucho tiempo y espacio, con los cuales la mayoría de nosotras no contamos, vamos a tener que reorganizar algunas cosas, o incluso quitarlas, para darle lugar a la nueva solicitud. Considera con seriedad cómo afectará a tus compromisos actuales decir que sí. A menudo, sobreestimamos lo mucho que podemos manejar, sin tener una imagen precisa de lo que las nuevas responsabilidades les harán a los compromisos que ya están formando parte de nuestra vida.

Cuando pienses en este aspecto de la situación, también asegúrate de preguntarte lo siguiente:

¿Puedo ser capaz de acceder a la solicitud si delego algo más?

Tu respuesta no siempre tiene que ser no. A veces, somos llamadas a asumir un nuevo desafío. Si después de orar y meditar, sientes que el Señor te inclina a responder que sí, pero no estás segura de cómo vas a adaptar la nueva obligación a tu ya exigente vida, considera que puede ser el momento de abandonar algo en lo que estás involucrada actualmente. Ten en cuenta, desde luego, que si has asumido un compromiso, querrás llevarlo a cabo hasta el momento designado cuando la obligación termine. Dios puede estar llamándote a decirle que sí a algo nuevo al decirle que no a algo que ya no desea para tu vida.

Además, pregúntate lo siguiente...

¿He solicitado la opinión de otras personas de oración que se preocupan por mí?

Este no es el momento para ser solista. Busca la cooperación de las oraciones y los consejos de los cristianos maduros que conoces, pidiéndoles ayuda en tu toma de decisiones. Cuando intercedan ante Dios a tu favor y comparten sus pensamientos contigo, obtendrás una mejor perspectiva y tomarás decisiones con mayor facilidad.

Me encanta el concepto de buscar el consejo de otros que se expone en Proverbios 15:22-23 en la versión Nueva Biblia de las Américas:

> Sin consulta, los planes se frustran,
> Pero con muchos consejeros, triunfan.
>
> El hombre se alegra con la respuesta adecuada,
> Y una palabra a tiempo, ¡cuán agradable es!

Si nuestro objetivo es dar una respuesta apropiada —que en última instancia traerá gozo— debemos buscar consejos sabios y asesoramiento espiritual de confianza.

Y finalmente, reflexiona sobre esto...

Una vez que he tomado mi decisión —pero aún no la he revelado— ¿me he preguntado sinceramente si está vinculada con agradar a la otra persona?

Si lo está, tendrás que admitirlo, ser valiente, y tal vez cambiar tu respuesta.

De acuerdo, digamos que has atravesado este proceso y que estás absolutamente segura de que debes rechazar la solicitud. ¿Cuál es una mejor manera de hacerlo que siendo completamente sincera, pero también manteniendo tu relación con la otra persona intacta y en buenos términos?

Empecemos con una pequeña lección del campo de fútbol americano.

Aprende a jugar a la defensiva

Nuestro hijo menor comenzó en el ala defensiva en su equipo de fútbol, el cual salió campeón del estado. Podría parecer más emocionante jugar a la ofensiva. Solo imagínate ser el que realiza una anotación o el mariscal de campo que le hace un pase «Hail

Mary» de último minuto a un receptor, el cual luego se introduce en la zona de anotación y gana el juego. Sin embargo, la verdad es que muchos partidos de la temporada sénior de los azul y dorado Ithaca Yellowjackets, que terminó 14-0, se ganaron tanto gracias a una defensa estratégica y fuerte como a una ofensiva deslumbrante y demoledora.

Si queremos aprender a acumular un récord ganador en el juego de la complacencia, vamos a necesitar aprender a jugar a la defensiva, estableciendo límites y estrategias que nos ayudarán a no ser tan propensas a ceder cuando deberíamos mantenernos firmes. He aquí algunas tácticas que me han funcionado bastante bien. Primero...

Exhibe pronto la bandera de la precaución

Las personas que son versadas en obtener lo que quieren de los demás —ya sean del tipo de personalidad insistente o más del tipo tranquilo, pero manipulador— son expertas en leer tu lenguaje corporal e interpretar las frases que pronuncias. Aprende a exhibir pronto la bandera de la precaución, poniéndolos al tanto de que no dirás que sí de inmediato, sino que evaluarás cuidadosamente todas las ramificaciones de decir que sí antes de dar tu respuesta. Si sienten una grieta abierta en tu resolución, la aprovecharán como una oportunidad para seguir jugando con tus emociones, tu bondad o tu espíritu generoso, con el fin de obtener exactamente lo que quieren. Sin embargo, si empiezan a tener un fuerte sentido de que consideras cautelosamente tus decisiones antes de responder, es posible que no se apresuren tanto en preguntar.

No profieras una letanía de excusas

No hay necesidad de proporcionar una larga lista de excusas, tratando de defenderte. He sido culpable de esto demasiadas veces. Que lo principal sea lo principal. Dales una respuesta directa de por qué estás diciendo que no, incluyendo solo la información necesaria. No les des más detalles. No les debes una explicación detallada. ¡Concéntrate, hermana, concéntrate! (¡Esa fui yo dándome ánimo sobre un «no» que necesito darle a alguien más tarde!). Para ayudarte con esta tarea, comienza por poner en práctica este próximo punto...

Ármate con algunas declaraciones amables, pero fuertes y directas

¡Esto puede ser muy efectivo! No hay dudas de que has tenido momentos en que, en tu mente, sabías lo que querías decir (al igual que yo cuando mi amiga me preguntó si su hijo podría quedarse con nosotros durante ciertos días de ese verano fatídico). Sin embargo, hubo una desconexión cuando intentaste descargar los pensamientos de tu mente e hilvanarlos en oraciones coherentes que tus labios pudieran pronunciar. Si sientes cautela, renuencia o una resistencia absoluta a lo que se te pide que hagas, tener un arsenal de respuestas planificadas de antemano resulta de mucha utilidad.

He aquí algunas afirmaciones adecuadas para que tengas en tu repertorio de respuestas. Una vez que consigues pronunciar estas declaraciones, puedes terminar la oración basándote en tu situación actual.

- «Aunque me encantaría ayudar, simplemente no tengo la capacidad en este momento para serte de utilidad».
- «Realmente me preocupo por ti y lo que estás experimentando. Sin embargo, no consigo encontrar el tiempo para ayudarte con esto sin descuidar el trabajo o la casa, así que tengo que decir que no».
- «Puedo ver claramente que necesitas ayuda, pero decir que sí en realidad sería perjudicial, porque no puedo ofrecerle a esto la dedicación que requiere y merece».
- «Dios ha estado tratando conmigo sobre asumir demasiadas responsabilidades fuera de mi casa. Por lo

tanto, estoy en una temporada de no comprometerme con nada nuevo en este momento. Gracias por comprender».

- «Siento mucho escuchar acerca de tu situación. Aunque no podré ayudarte a remediarlo, voy a orar que encuentres a la persona perfecta para asistirte».

Este último punto nos lleva a nuestra siguiente estrategia...

Ofrece una o dos soluciones alternativas

Debemos preocuparnos por las situaciones que se les presentan a nuestros seres queridos. No obstante, no siempre podemos entrometernos y ser su salvadora. (¡Jesús ya ha asumido esa tarea!). Sin embargo, si sientes en tu corazón que no deberías ser quien les ayude con su situación, todavía puedes colaborar sugiriendo una o dos soluciones alternativas.

Si el tiempo lo permite, ayúdalos a proponer ideas de personas que podrían ser capaces de ayudar. Habla con ellos sobre la situación para ver si puedes idear otra forma de abordar el problema que tal vez no requiera la asistencia de alguien más. Si cuentas con un poco de tiempo —como estar esperando en el consultorio del médico o en el Departamento de Vehículos Motorizados— haz una pequeña investigación en línea sobre su dilema. Luego envíales los enlaces que encuentres como una forma de ayudar, sin asumir un papel importante. Ayuda a resolver el problema *con* la persona en lugar de *por* ella.

Muy bien. El siguiente es un sermón de una frase que a menudo me predico a mí misma.

Recuerda que cada necesidad no es inevitablemente tu llamado

Una amiga me empoderó con esta frase hace años cuando todos mis hijos eran pequeños y yo era una madre que se quedaba en casa. Debido al hecho de que no tenía un trabajo externo en ese momento, un sinnúmero de personas acudía a mí buscando ayuda con su proyecto o para que yo resolviera su problema, ya que suponían que debía tener mucho tiempo disponible.

En ese entonces, confrontaba el gran problema de asumir los inconvenientes de otras personas. Una amiga sabia me enseñó a recordar que cada necesidad no es inevitablemente mi llamado. ¿Mi amiga tiene una necesidad? Seguro que sí la tiene. Sin embargo, eso no significa que yo sea la que la ayude a aliviarla. Y si intento satisfacer su necesidad —cuando realmente no siento que Dios me llamó a hacerlo— le estoy quitando la bendición a la persona que Dios destinó para satisfacer dicha necesidad en primer lugar.

Necesitamos descubrir a través de la oración, estudiando la Escritura y confiando en el consejo sabio de los cristianos maduros en nuestra vida, cuáles necesidades exactamente son nuestra responsabilidad y cuáles se supone que deben estar en nuestras listas de oración. Recordarte a ti misma que no cada necesidad es tu llamado puede servir como un medio poderoso para salir de la prisión de la complacencia.

Hablando de prisión, aquí hay algo más...

Deja de pagar la fianza

Algunas de nosotras somos rescatistas. Nuestra amiga toma una serie de decisiones imprudentes que la colocan en medio de un desastre y luego acude a nosotras. Nos ponemos nuestra capa de ayudante y nos involucramos en la situación, listas para rescatarla una vez más. ¡Deja de pagar la fianza! Su situación no es tu culpa ni tu responsabilidad. Incluso si no fuera algo moralmente cuestionable, sino que se debe a una falta de planificación por su parte, no tienes que ser la que se aparezca y saque las castañas del fuego. Recuerda dejar de pagar la fianza y actuar como salvadora repitiéndote esta verdad: *la falta de planificación por su parte no justifica una emergencia real por mi parte.*

Y por último...

Entiende que todavía puedes decirle que sí a la amistad sin necesidad de siempre acceder a sus peticiones

Por lo general, aquellas de nosotras a las que nos gusta la aprobación y el reconocimiento de los demás erróneamente asumimos que si le decimos que no a una amiga, estamos debilitando —y quizás incluso dañando— la amistad. ¡Pero eso no es verdad! Podemos decirle que sí a una amistad sin aceptar cada petición que esa amiga nos hace.

Procura que tu meta sea tener puntos de contacto llenos de amor y amabilidad fuera de las conversaciones que tienen que ver con sus solicitudes de ayuda. Envíales una tarjeta escrita a mano para su cumpleaños. Mándales por mensaje de texto un versículo bíblico alentador o una cita que piensas que podría hablarle a su alma. Envíales una tarjeta de regalo de una cafetería local o de su tienda favorita en un día cualquiera para demostrarles que aprecias su amistad.

Puedes forjar fuertes lazos con una amiga de muchas maneras más allá de solo aparecerte y remediar todas sus necesidades. Y si es una verdadera amiga de corazón, entenderá que hay momentos en que simplemente debes responder «no».

La maldición de la capacidad

Nosotras las mujeres inteligentes, fuertes y capaces de realizar tareas múltiples hemos sido maldecidas. Oh, no me refiero a que una mujer con un sombrero puntiagudo negro literalmente haya pronunciado un hechizo sobre nosotras. No obstante, aun así, hemos sido maldecidas. ¿Y cuál es esta maldición de la que somos víctimas?

La mujer maravilla

La gente que observa nuestras vidas ha notado que parecemos competentes en lo que respecta a manejar muchas tareas. Hacemos malabares con las responsabilidades en el trabajo y la casa y aparentamos hacerlo con facilidad. Y así, cuando necesitan ayuda en un proyecto o en alguna situación, ¿a quién acuden? ¡A nosotras, por supuesto! Después de todo, somos muy capaces. Muy seguras. Muy competentes. Sin embargo, esta maldición de la capacidad —cuando no se aborda de frente— puede provocarnos mucha angustia, causando tensión en nuestro tiempo y nuestras relaciones.

Lo que me ha ayudado más que todo en esta área es un concepto que una amiga sabia me presentó hace años. Yo era una madre joven con tres hijos, todos menores de seis años. Pero vaya, daba la impresión de que era capaz. Rara vez rechazaba una petición. Estaba involucrada en las actividades de la iglesia, la comunidad y la familia extendida hasta el punto de que apenas tenía tiempo para sentarme en el sofá a menos que estuviera amamantando.

Fue durante este tiempo que una amiga compartió conmigo un decreto de nueve palabras que ha sido un faro de orientación para mí en el área de comprometerme en exceso. Al lamentarme con ella por todas las responsabilidades que tenía —y por mi inseguridad de que alguna vez fuera a terminar con todo— me compartió una pequeña guía que tenía para su propia vida, una que le impedía asumir demasiado y perder su estabilidad mental. Es esta. ¿Estás lista?

No asumas más que aquello por lo que puedas orar

¿Eh? Le pedí que me lo explicara mejor. A su manera gentil y tranquila, me explicó que con cada nuevo compromiso llegaban nuevas personas y situaciones que se abrirían camino hacia su vida. Debido a que ella era una mujer de oración, naturalmente querría orar por estas personas y presentarle al Señor las circunstancias que rodeaban cada situación. Y así, decidió que si no tenía el tiempo para asumir la responsabilidad de orar por todo lo que llegaría a su vida debido al nuevo compromiso, simplemente diría que no.

Si su vida de oración estaba sobrecargada debido a otros compromisos y situaciones familiares, no quería ser presionada demasiado espiritualmente. Su incapacidad para orar por el nuevo compromiso requería que rechazara la solicitud con cortesía. No sentía la necesidad de ninguna explicación adicional. Sencillamente, sonreía y con dulzura les decía que su respuesta iba a tener que ser no.

Aferrarte a tus convicciones en situaciones que conlleven a un potencial compromiso excesivo puede ser una experiencia incómoda. La gente no lo entenderá. Pueden presionarte. Pueden quejarse si no consientes. Y en algunos casos, tus amistades pueden verse afectadas. (Aunque si alguien realmente no entiende tu necesidad de decir que no cuando has puesto el asunto en oración y tomaste la decisión que es mejor para ti y tu familia, ¿qué tan amigas son en primer lugar?).

Mantenerte firme en tus convicciones y ser coherente requerirá una disciplina enfocada. Y mucha sabiduría. Y perseverancia perpetua. Sin embargo, Dios está más que dispuesto a darnos todo esto. Solo recuerda, no les debes a otros una excusa de por qué dijiste que no, pero le deberás a Dios una explicación de por qué dijiste que sí.

Lo que tus síes te han costado

Nuestra vida es una serie de decisiones. Muchas decisiones. De hecho, los expertos en el campo de la psicología estiman que hacemos cerca de dos mil decisiones por hora mientras estamos despiertos, ¡aproximadamente una decisión cada dos segundos! ¡Esto suma alrededor de treinta y cinco mil por día![2] Por si acaso piensas que es una exageración, en los últimos treinta segundos es posible que hayas decidido rascarte una picadura de mosquito, tomar un sorbo de agua, mirar por la ventana para ver qué coche conducía tan rápido, ver qué hora es, girar tu pendiente por costumbre y darle vuelta a la página que estás leyendo.

Nuestra sabiduría —o la falta de ella— cuando se trata de tomar decisiones moldea en gran medida nuestros días presentes, por no mencionar nuestro futuro. Si queremos construir una vida que agrade a Dios y que no nos estrese con el exceso de compromisos, necesitamos ser intencionales acerca de sopesar cuidadosamente cada decisión antes de tomarla. De esta manera podemos, según mi amiga Lisa lo llama, «vivir sin remordimientos».

Lisa es una compañera del trabajo y una de las personas más intencionales que conozco. Es muy sabia y cuidadosa al momento de tomar decisiones. He aprendido mucho de ella no solo sobre el ministerio, sino sobre la vida en general.

Cierto día del año pasado me encontraba conversando con ella sobre mi etapa de la vida, la cual a menudo se conoce como los años del sándwich: ese tiempo en el que alternas entre cuidar y lanzar a tus hijos al mundo y el cuidado de tus padres de edad. Compartí con ella la frustración que sentía por tratar de atender todas mis responsabilidades, al mismo tiempo que abordaba mis tareas del ministerio. Lisa me conoce bien y está muy familiarizada con mi tendencia a asumir mucho más de lo que debería. De hecho, cada tres años parece que tengo mi plato tan lleno que no voy a poder con todo. Y así, paso por un tiempo de supresión de responsabilidades y revaluación, asegurándome de que las responsabilidades que vuelvo a asumir sean solo las que Dios tenga para mí.

Mientras ella y yo conversábamos sobre esto, me presentó este concepto de «vivir sin remordimientos», un concepto que había aprendido de su mentora. Lisa dijo:

Puedes hacerlo todo... *pero no todo a la vez*. Si queremos experimentar una vida «sin remordimientos», tenemos que entender que eso requiere autoliderazgo a fin de priorizar nuestras opciones según nuestra temporada. Al igual que la leche en tu refrigerador, tu vida tiene temporadas con fecha de caducidad.

No todas las decisiones que tomas permanecerán disponibles por tiempo ilimitado, como mecer a los bebés, visitar a tus padres ancianos, e incluso algunas oportunidades laborales y educativas.

Luego, sugirió:

Haz una breve revisión de tus oportunidades actuales con fecha de caducidad y priorízalas. La mejor pregunta para hacerte con el fin de lograr una vida sin remordimientos es: «¿Qué requiere esta temporada de mí?». La respuesta a esta pregunta puede ser: «Voy a compartir el vehículo para llevar a mis hijos a la preparatoria, porque el próximo año tendrán su licencia de conducir». O puede ser: «Voy a reservar todos los viernes por la noche para visitar a mis padres, porque esos viernes por la noche están contados y no quiero desperdiciar ni uno de ellos». No nos tropezamos con una vida sin remordimientos en nuestro caminar, sino que elegimos nuestro camino hacia ella. ¿Qué elegirás hoy?

¡Qué consejo tan prudente! Cuando tomamos una mala decisión —al decir que sí cuando deberíamos decir que no— debemos ser sinceras acerca de lo que nuestros síes nos han costado. Ellos nos cuestan tiempo. Nos cuestan tranquilidad mental. Pueden costarnos visitas sin realizar a los que más amamos. A veces nos cuestan amistades que son verdaderas y genuinas y las reemplazamos por amistades falsas, amigos a quienes parecemos caerles bien por lo que podemos hacer por ellos. En su mayoría, estos síes nos cuestan la paz mientras luchamos en nuestros corazones con el pesar de permitir que otras personas llenen nuestro tiempo por nosotras, en lugar de intencionalmente llenar nuestras agendas con solo lo que Dios quiere que hagamos.

Si bien es un gesto noble querer ser servicial, complaciente y confiable, a veces ser demasiado amable permite que otros se aprovechen de nosotras. Es hora de que nos defendamos no de una manera narcisista, sino saludable, en la que agradar a Dios sea nuestra meta más importante y amar a los demás ocupe un segundo lugar.

Sé que no será fácil, pero para alcanzar esta meta voy a pedirte que hagas algo en lo que probablemente no seas hábil. Puede sentirse raro e incómodo. Incluso puede parecer que está mal y es egoísta. Sin embargo, no lo es. Resulta crucial y necesario. Tú y yo estamos a punto de explorar este concepto extraño, pero necesario. ¿Estás lista?

Es hora de que empieces a pensar en ti misma por una vez. Oh, no de una manera egocéntrica, buscando ser la número uno. Es hora de que hagas que la vida sea más acerca de ti, porque la verdad es que todo se resume en cómo *sigues* a Jesús.

Siete declaraciones para personas complacientes a fin de decir «¡Basta!»

Aquí hay algunas frases para meditar, e incluso memorizar si lo deseas. Estas te ayudarán a realinear tu manera de pensar cuando comiences a vagar por el camino de la complacencia. (Para tu comodidad, también se encuentran impresas en la parte posterior del libro en la página 199, 200, 201, la cual se ha diseñado para que puedas fotocopiarlas en cartulina y recortarlas a fin de conservarlas en un lugar prominente donde estés segura de verlas a menudo).

- Cada necesidad no es inevitablemente tu llamado.
- No asumas más que aquello por lo que puedas orar.
- La felicidad de los demás no es tu tarea.
- No necesitas el permiso de otros para hacer la voluntad de Dios.

- Deja de hacer que los sentimientos de otros sean tu responsabilidad.
- No les debes a los demás una excusa de por qué dijiste que no, pero le deberás a Dios una explicación de por qué dijiste que sí.
- Podemos decirle que sí a una amistad, aunque le digamos que no a una amiga.

Capítulo 7

No se trata de ti (aunque a veces debería)

*Le enseñas a la gente cómo tratarte según lo que
permitas, lo que detengas y lo que refuerces.*

—TONY GASKINS JR.

*Y, como no tenían tiempo ni para comer, pues
era tanta la gente que iba y venía, Jesús les dijo:
—Vengan conmigo ustedes solos a un lugar
tranquilo y descansen un poco.*

—MARCOS 6:31

Mi amiga y yo fuimos a tomar un café a una cafetería local en una hermosa tarde de primavera. Empezaba a estar lo suficientemente cálido aquí en el Medio Oeste para poder disfrutar de un poco de sol al aire libre mientras les dábamos pequeños sorbos a nuestras bebidas para hacerlas durar. Tenía ganas de visitar este nuevo negocio local, conocido por mezclar sus deliciosos cafés con aceites naturales y productos orgánicos, en lugar de hacer bombas de saborizantes artificiales y crema falsa. El café moca de naranja no me decepcionó.

Primero nos quitamos de encima el parloteo, poniéndonos al día sobre los temas normales, como las novedades laborales y lo que cada uno de nuestros hijos estaba haciendo actualmente. Fue entonces cuando percibí que mi amiga se sentía angustiada por un acontecimiento futuro. Mencionó que un pariente iba a venir a quedarse con ella durante unas semanas. En ningún modo sentí que estuviera esperando con ansias la visita. De hecho, todo, desde su tono de voz hasta su lenguaje corporal, me decía que deseaba poder de alguna manera no acoger a esta persona. Para facilitar la explicación, le llamaremos a esta invitada indeseada la prima Claire, y nos referiremos a mi amiga como Madi.

Me incliné y la escuché, dejándola descargar sus pensamientos acelerados. Tenía curiosidad por saber por qué pasar algunos días con este miembro de la familia era algo que ella temía tan profusamente. Y resulta que tenía más de una razón para estar tan preocupada. Aparentemente encantadora por fuera, la prima Claire tenía una larga historia con Madi de comportarse de una manera contraria a lo que retrataba para el mundo en general. Detrás de escena, el encanto de la prima Claire daba paso a la crítica, la manipulación y un océano de egocentrismo.

En primer lugar, siempre quería que sus visitas inesperadas ocurrieran cuando fuera conveniente para ella. Parecía importarle poco lo que sucedía en la casa de su anfitriona. De hecho, rara vez preguntaba si sus fechas previstas eran convenientes para Madi. No obstante, Madi no decía nada. En cambio, usaba los días de vacaciones que le quedaban ese año para tomarse un descanso cada vez que Claire llegaba a la ciudad.

Durante la visita, Claire parecía recitar de un tirón una larga lista de quejas. Todo lo encontraba mal, desde el papel higiénico que no estaba a su altura, la posición de la televisión en la sala de estar que no era la más conveniente para ella ver sus telenovelas mientras tomaba café en la silla más cómoda de la habitación, hasta el número de hilos del juego de sábanas en el dormitorio de invitados que no era lo suficientemente alto.

Sin embargo, la crítica no era solo sobre el alojamiento de mi amiga. Claire parecía que disfrutaba criticando a otros miembros de la familia y sus elecciones de vida. Podía tomar una simple conversación sobre un tema totalmente ajeno y de alguna manera convertirla en un asunto acerca de un miembro de la familia extendida. Una vez que ella había cambiado la dirección de la conversación, le encontraría la quinta pata al gato a cada pequeño detalle de la vida del miembro de la familia extendida o los difamaría e injuriaría por las decisiones que estaban o no tomando. No le bastaba con seguir hablando mal ella sola, a menudo le pedía a mi amiga su opinión, o trataba de que estuviera de acuerdo con ella diciendo: «¿Sabes lo que quiero decir, verdad?» o «¿No estás de acuerdo?».

Estas conversaciones desagradables eran solo la mitad del problema. La otra mitad era cómo la prima Clare esperaba que se la tratara durante su visita. Daba la impresión de que anticipaba que hicieran todo por ella. Al parecer, su conocimiento sobre cómo hacer funcionar una cafetera o hacer unos huevos revueltos para el desayuno se le borraba completamente desde el momento en que ponía un pie en la casa de mi amiga. Claire nunca levantaba un dedo para preparar la comida ni para limpiar cuando terminaba de comer. Quería que la llevaran a la ciudad, ya fuera de compras o de turismo o para cenar. Rara vez preguntaba sobre los planes que mi amiga tenía para ese día, como las citas médicas o los compromisos en la iglesia. Se comportaba como si *su* agenda fuera mejor que cualquier otra cosa que Madi pudiera tener que hacer. De hecho, pareció un poco horrorizada cuando mi amiga mencionó que no podía llevarla al centro comercial ni al museo local.

Quedé también espantada mientras escuchaba lo exigente que era la prima Claire. Y me preguntaba por qué Madi no le había dicho que no cuando surgió la conversación sobre otra visita. Sin embargo, mientras Madi y yo seguíamos hablando, me di cuenta de que era difícil responder con un gran no a la petición de una visita cuando ella misma había establecido un patrón a lo largo de los años de no decir los pequeños noes al interactuar con Claire.

Debido a que Madi no había dicho que no cuando se le preguntó... *eh... bueno...* se le dijo sobre las fechas en que su prima Claire decidió que iba a venir, sino que en cambio se tomó sus días de vacaciones para alojar a la visita, se dispuso a sí misma para que las futuras visitas fueran según el cronograma de Claire, no el de ella.

Debido a que Madi nunca se había rehusado a escuchar las críticas sobre otros miembros de la familia a lo largo de los años, la prima Claire pensó que había encontrado un público entusiasta cada vez que quería chismear o criticar.

Debido a que ella no había dicho que no cuando sentía la presión de atender a su prima cada vez que estaba en su casa, Madi había establecido una expectativa de que iba a desempeñarse tanto como mucama y mayordomo cuando esta parienta estuviera en su casa.

Todos esos fracasos en cuanto a decir que no —y el pensamiento equivocado de mi amiga de que negarse no era muy agradable— se amalgamaron en la tormenta perfecta de la disfunción. Aunque Madi temía absolutamente recibir a esta persona, se sentía impotente para pisar el freno y detener la visita por completo, o por lo menos para poner algunos parámetros en su lugar a fin de determinar qué comportamientos de su prima toleraría —y cuáles no— durante una visita.

Sé que este ejemplo es bastante extremo, pero lo cito por una razón. Cuando cedemos repetidamente ante los deseos de los demás, sin compartir nuestros verdaderos sentimientos ni hacernos respetar, les enseñamos cómo tratarnos, allanando el camino para sus malos comportamientos venideros. Pensamos erróneamente que siempre debemos ser amables. Y ser amables se traduce en no decir la verdad, en rara vez tener en cuenta nuestra salud emocional en determinada situación, y luego en no decir que no, lo cual en última instancia nos conduce a sentirnos miserables.

El alto precio de ser agradable

Desde que éramos niñas se nos ha enseñado el acto de ser agradables. ¿Quién de nosotras no recuerda a nuestros padres diciéndonos que «jugáramos bien» con nuestros hermanos o a la maestra del jardín de infantes corrigiendo a un alumno que se portaba mal, reprendiéndolo: «¡Eso no es muy agradable!»? Ser agradables es algo que se espera de los niños en el patio de la escuela, de los ciudadanos adultos (bueno, tal vez no en las redes sociales), y especialmente, de los cristianos amantes de Jesús. Sin embargo, ¿ser agradable es algo que se nos ordena en las Escrituras?

Una búsqueda rápida en línea de las tres traducciones que uso más a menudo al estudiar y enseñar la Biblia —la English Standard Version (ESV), Christian Standard Bible (CSB) y la New International Version (NVI)— no produjo ningún resultado al buscar la palabra *agradable*. (N. del T.: La autora hace referencia al término en inglés *nice*, el cual no aparece en las versiones de la Biblia mencionadas). Puedes encontrar algunas palabras relacionadas como *amable, gentil* o *amoroso*. No obstante, parecería que *agradable* ha abandonado el edificio de la iglesia.

Ahora bien, esto no significa que querer agradar no sea admirable. Por supuesto, no queremos ser groseras. Insensibles. Desagradables. Ser agradable se relaciona con ser educada y con tener tacto, y eso es ciertamente un comportamiento que deberíamos ejemplificar. Pero cuando nuestra bondad se descontrola, adoptamos una personalidad que nos causa mucho dolor.

Pensemos en Jesús por un momento. ¿Podría él ser caracterizado como un «tipo agradable»? Nuestro perfecto Salvador —que fue completamente Dios y completamente hombre— descendió a la tierra para mostrarnos cómo vivir. ¿Nos mostró él mediante su comportamiento que lo más crucial por lo que deberíamos ser conocidas es por ser agradables?

Sharon Hodde Miller, la autora del libro *Nice: Why We Love to Be Liked and How God Calls Us to More* [Agradable: Por qué nos encanta ser queridas y cómo Dios nos llama a más], lo expresa de este modo:

> Jesús era amoroso. Era misericordioso. Era indulgente. Era amable. Sin embargo, no era agradable. Él era un hombre que dejaría a las noventa y nueve ovejas para rescatar a la perdida, tampoco tenía miedo de ofender a la gente. Jesús entendía la diferencia entre la afabilidad y el compromiso personal, entre hablar la verdad y alienar innecesariamente a la gente. En lugar de llevar un revestimiento brillante, se convirtió en la encarnación del amor que todo lo soporta. A esto, no a ser agradables, es a lo que fuimos llamados.[1]

Nuestro deseo de ser conocidas como un buen chico —o más bien una buena chica— nos insta a mantener la paz a toda costa y rara vez dejar que nuestros verdaderos sentimientos se manifiesten, porque tal comportamiento complacerá a los demás. Sin embargo, ¿es en ser agradables en lo que deberíamos enfocarnos? Y cuando alcancemos el estatus de «la persona más agradable del año», ¿qué añadirá esto a nuestras relaciones, así como a nuestra propia salud mental, espiritual e incluso física?

Exagerar el deseo de ser agradable a toda costa provoca algunos acontecimientos interesantes en nuestros cerebros. Hay estudios que indican que algo desagradable sucede en nuestras mentes cuando no estamos de acuerdo con otra persona o no hacemos lo que un superior nos está pidiendo, ya sea una petición directa o solo una sugerencia sutil que deducimos de su comportamiento.

En la década de los cincuenta, el psicólogo social Solomon Asch realizó un extenso estudio de investigación como parte de los experimentos de conformidad de Asch. Estos experimentos tenían como objetivo observar y documentar qué le sucede a un individuo cuando él o ella está de acuerdo o en desacuerdo con lo que piensan sus compañeros.

Los participantes fueron colocados en un escáner cerebral y luego leyeron una serie de declaraciones que les dijeron que eran de sus compañeros de clase o sus profesores. Se preveía que los participantes en el experimento se mostraran renuentes a discrepar de un profesor, ya que este se encontraba en una posición de autoridad. Sorprendentemente, no hizo ninguna diferencia si la persona que hacía la declaración era un compañero o un profesor. Los resultados mostraron que los participantes experimentaban una incomodidad similar cuando estaban en desacuerdo con un compañero de clase.

Los escáneres cerebrales mostraron que una red de regiones cerebrales se mostraba notablemente activa durante los escasos momentos en que «las personas complacientes» estaban en desacuerdo. La corteza prefrontal medial, que actúa de mediadora en la toma de decisiones, y la ínsula anterior, que interviene en la experiencia de las emociones sociales, las sensaciones corporales, entre otras, mostraron más actividad que otras regiones. Estudios anteriores han vinculado estas regiones a la experiencia de la disonancia cognitiva o a la sensación incómoda de sostener dos creencias contradictorias. En otras palabras, aquellos a los que no les gusta estar en desacuerdo tienden a experimentar una peor disonancia cognitiva cuando se enfrentan a creencias con las que no están de acuerdo en comparación con sus compañeros. Los investigadores sospechan que esto va acompañado de un mayor estrés mental y malestar. Tal cosa sugiere que la sensibilidad al estrés mental está vinculada a una mayor vulnerabilidad a la influencia.[2]

Esta investigación —y otros experimentos similares que encontré— concluye que a menudo nos llevamos bien, siendo demasiado agradables, simplemente para evitar el estrés mental. Sin embargo, de lo que a veces no nos damos cuenta es de que ser extremadamente agradable —asumir demasiadas responsabilidades o expresar una falsedad que podría atormentarnos más tarde— puede causarnos un mayor estrés mental en el futuro de lo que nos causaría en el momento presente si fuéramos sinceras con nuestros pensamientos y sentimientos.

¿Alguna vez te has ofrecido a quedarte hasta tarde para limpiar después de una actividad en la escuela de tu hijo o la iglesia pensando que era lo correcto y lo que alguien agradable debía hacer? Sin embargo, el evento se llevó a cabo en un día en el que tenías una noche muy ocupada: debías acostar a dormir a los niños, lavar un montón de ropa que se había apilado, y tenías un gran proyecto del trabajo a la mañana siguiente para el que todavía te estabas preparando. Tu amabilidad al ofrecerte para colaborar en el equipo de limpieza echó por la borda completamente tu rutina nocturna, haciendo que te quedaras hasta tarde para terminar de lavar la ropa y prepararte para tu proyecto laboral, lo cual te estresó mentalmente. No obstante, aceptaste asumir la tarea con el fin de evitar el conflicto mental que habrías experimentado si te hubieras quedado en silencio mientras sabías que había una necesidad y que otros esperaban que te involucraras y la cumplieras.

¿Qué otras respuestas amables te han costado la paz mental? ¿Te ofreciste a cuidar al cachorro de tu amiga durante el fin de semana, a pesar de que no eres una amante de los animales y te da una ligera alergia la caspa de las mascotas? Sin embargo, sabías que estaba teniendo dificultades para encontrar a alguien, y entonces pensaste que sería bueno ofrecerte. Ahora pasarás el fin de semana en casa y estornudando. No obstante, *conservarás* la posición de «amiga superagradable», que para ti es más importante que evitar el estrés mental y la constante sibilancia que obtendrás por actuar como un hotel para mascotas.

Mi amiga Meredith recientemente dio el mensaje de apertura en una conferencia virtual a la que asistí. Ella se hizo eco de lo que los investigadores han descubierto cuando en su charla dijo: «Nuestros cerebros están diseñados para protegernos de las cosas que podrían herirnos y gravitar hacia las cosas que nos generan sentimientos positivos». Por lo tanto, damos una respuesta instantánea, eligiendo lo que al principio se siente agradable y positivo debido a que mantendrá nuestro estado de ser conocidas como agradables, sin darnos cuenta de la tensión mental futura que tenemos por delante.

La tensión mental no es el único costo en el que incurrimos para ser conocidas como una persona perpetuamente agradable. También perdemos nuestro tiempo, que es uno de nuestros bienes más importantes. Todas nuestras ofertas de ayuda, nuestros períodos de colaboración y de arremangarnos para abordar la tarea, o nuestra falta de honestidad sobre nuestra disponibilidad actual cuando alguien quiere hablar, todos ellos llenan nuestro precioso tiempo con acciones que mantienen nuestra reputación de personas agradables, pero que nos impiden realizar el trabajo real que deberíamos estar haciendo o tener el tiempo de ocio que podríamos haber disfrutado.

Anhelar el título de persona agradable tiene otras consecuencias relacionales. Podemos pensar que esto nos eleva a los ojos de los demás. Tal vez sí, cuando se trata de personas que necesitan nuestra asistencia o quieren que estemos de acuerdo con ellos. Sin embargo, puede costarnos la relación con nuestras propias familias. He visto de primera mano cómo ser demasiado agradable —convirtiéndonos casi en un felpudo para los amigos, los miembros de la iglesia y los compañeros de trabajo, entre otros— puede ocasionar precisamente eso.

Hace años, tenía tres amigas cercanas que estaban pasando por divorcios no deseados al mismo tiempo. En cada situación, hubo infidelidad por parte de sus cónyuges. Mi corazón se acongojaba mientras pensaba en estas amigas y la agitación que estaban experimentando en sus familias. Deseaba apoyarlas y animarlas mientras atravesaban este camino desconocido y ayudaban a sus hijos a adaptarse a la nueva realidad de su familia.

A menudo, estas amigas me llamaban para hablar acerca de algo nuevo que habían descubierto sobre el romance ya no secreto de sus respectivos cónyuges. O querían mi opinión sobre los procedimientos legales del divorcio. A veces solo necesitaban un hombro para llorar. Y entonces, tomaban el teléfono y marcaban mi número.

Ya que anhelaba apoyarlas, supuse que lo mejor y lo *correcto* era contestar el teléfono en cualquier momento, de noche o de día. Dejaba lo que estaba haciendo con mi familia para brindarles un oído atento a mis amigas. No estoy exagerando cuando digo que, entre estas tres amigas, estaba recibiendo fácilmente casi dos docenas de llamadas por semana. Pensaba que sería cruel no responder. Después de todo, era una madre que se quedaba en casa educando a mis hijos, los cuales eran perfectamente capaces de continuar sus tareas escolares por unos minutos mientras yo prestaba mi oído.

Sin embargo, más tarde, el tema de mi nueva línea de crisis de veinticuatro horas repercutió en mi familia. Mi esposo realmente no sabía sobre esto, porque la mayoría de las llamadas ocurrían durante el día cuando él estaba en el trabajo. Pero mis hijos no se contuvieron a la hora de expresar sus opiniones.

Uno de ellos dijo: «¡Mamá! Siempre estás al teléfono con _____». Era evidente que estaban molestos por las constantes interrupciones en nuestro día. Me indicaron que a menudo tenían una pregunta sobre sus tareas escolares, pero yo me había escabullido a otra habitación o la terraza trasera con el fin de atender la llamada urgente de mi amiga.

En mi mente, traté de racionalizar, pensando que como todavía eran niños, simplemente no eran muy devotos al ministerio. ¿No veían que mi amiga me necesitaba en ese momento? ¿O que la señora _____ iba a perder pronto su condición de señora y necesitaba apoyo emocional?

Unos días después, decidí hacer finalmente lo que debería haber hecho desde el principio: llevarle toda la situación al Señor. Estaba bastante segura de que me daría una solución inteligente para hacer que mis hijos entendieran. Sin embargo, ese no fue el caso en absoluto.

Después de un tiempo en oración, me convencí de que mi hábito de atender siempre el teléfono perjudicaba la relación de cada una de mis amigas con Cristo. Ellas llamaban. Yo respondía. Podían sin problemas correr hacia mí buscando apoyo, perspectiva y consejo. No obstante, mi disponibilidad constante en realidad les impedía correr hacia Dios, a quien deberían haberse dirigido en primer lugar.

Nuestra paz mental. Nuestro tiempo. Tal vez incluso nuestras relaciones familiares. Sí, el precio por ser agradables es costoso. Sufrimos cuando convertimos esto en nuestro objetivo primordial. Sharon Hodde Miller lo expresó perfectamente cuando escribió: «La amabilidad es como cualquier cosa buena o neutral, la cual se quebranta cuando se convierte en lo más importante».[3]

De acuerdo. Ahora estoy convencida. Nuestra mayor aspiración no debería ser agradar a todos. Entonces, ¿qué se supone que debe hacer una dulce y complaciente mujer amante de Jesús?

Establece parámetros

Hemos hablado un poco acerca de los límites cuando se trata de decirle que no a los demás. Y ciertamente, dejar que otros sepan por nuestras acciones que hemos establecido límites claros y mensurables es importante cuando tratamos con la enfermedad de la complacencia. Estas barreras y límites alertan a otros sobre exactamente qué tipo de comportamiento aceptaremos, toleraremos o nos negaremos a permitir.

Recuerda, no todo el mundo estará feliz con los límites que pones en marcha. Sin embargo, los adoptas por tu salud mental y física y también para beneficio de ellos. El doctor Henry Cloud, un experto en límites, lo describe de esta manera:

> Cuando comenzamos a ponerles límites a las personas que amamos, algo realmente duro sucede: les duele. Pueden sentir un vacío, porque ahora tú no cubres su soledad, su desorganización o su irresponsabilidad financiera. Sea lo que fuere, sienten que han perdido algo.
>
> Si los amas, te resultará difícil mirarlos. Pero cuando estás tratando con alguien que está dolido, recuerda que sus límites son tan necesarios para ti como beneficiosos para ellos. Si hasta ahora les has permitido ser irresponsables, ponerles límites puede proyectarlos hacia la responsabilidad.[4]

Los límites son en realidad una bendición. Ponlos en funcionamiento y obsérvalos trabajar. Tus relaciones serán más saludables a largo plazo. De igual importancia es tener parámetros internos en nuestra propia mente; restricciones a las que nos adheriremos que pueden evitar que nos excedamos con la amabilidad que está causando estragos en nuestra paz mental, nuestras agendas y las vidas de nuestra familia.

He aquí algunos parámetros internos para ayudarnos a dejar de querer salvar al mundo y permitir que Dios dirija nuestras decisiones antes de actuar.

Primero, algo que aprendí en la clase de periodismo de la preparatoria.

No entierres la noticia principal

Esta frase se originó en los inicios del periódico. Al escribir sus artículos, los reporteros debían mantener el foco en el tema principal, por lo general el tema que se prometió en el titular. Sin embargo, a veces un artículo se enreda con hechos secundarios y superfluos que en realidad no pertenecen al tema principal. Esto se llama enterrar la noticia. Un artículo eficaz mantiene la noticia en primera plana en lugar de esconderla en algunos párrafos.

Experimentamos este fenómeno al interactuar con otros cuando enterramos nuestras respuestas negativas bajo un pajar de amabilidad. Puedes iniciar una conversación diciendo cuánto quieres ayudar o simpatizando con la situación en la que alguien se encuentra. Sin embargo, mientras más divagamos, más enterramos la noticia a comunicar. ¡Y luego apenas dejamos que salga a la superficie! En cambio, hemos quedado atrapadas por nuestra introducción y ahora nos sentimos impotentes para rechazar la invitación o decir que no al deseo de otros.

En cambio, mantén la noticia en primera plana. Si realmente sientes que tu respuesta debería ser no, *empieza con eso* en lugar de enterrarlo. Comienza con algo como: «Siento mucho no poder ayudarte. Sin embargo...». Y *luego* da tus razones para el rechazo. Todavía simpatizas con ellos. Puedes mostrar preocupación e interés sin apresurarte a ser su salvadora. Iniciar tu respuesta con un no puede evitar que asumas algo que no estabas destinada a hacer.

¿Y qué tal esta siguiente pauta que muchas de nosotras raramente logramos seguir?

Espera hasta que te pidan ayuda

Las personas complacientes sirven como un ejército de voluntarios de Norteamérica. O de Europa. O de donde sea que vivas. Somos las primeras en levantar la mano para contribuir. Somos las que nos ofrecemos como voluntarias para ayudar y servir. Tener un corazón de sierva es algo maravilloso. Debemos buscar oportunidades para ayudar a otros y colaborar con nuestras escuelas, iglesias y comunidades. Sin embargo, no seamos culpables de servir en exceso.

No tienes que ser siempre la que se ofrezca como voluntaria. Trata de no comprometerte a nada durante los próximos seis meses. Espera hasta que se te pida. Y luego, cuando te lo pidan, decide antes de responder si es realmente algo que Dios está poniendo en tu vida como una oportunidad para servir. No tienes que marcar la casilla y pulsar enviar, ofreciéndote como voluntaria cada vez que sepas que hay una necesidad.

Hacer trabajo voluntario es solo una parte del problema. El otro problema es este...

No sigas permitiendo que otros te ofrezcan como voluntaria para las tareas

Por desgracia, cuando hemos demostrado con nuestro comportamiento que somos excesivamente serviciales y amables hasta el límite de lo indecible, comienzan a ofrecernos como voluntarias sin nuestro consentimiento. Les hemos enseñado cómo tratarnos. Así que naturalmente piensan que no nos importará si se adelantan y nos inscriben para ocupar el espacio que tienen disponible.

Es posible que tengas que aventurarte fuera de tu zona de confort, pero sé audaz. Con cortesía y firmeza diles que entiendes que necesitan ayuda, pero que nunca accediste a ofrecer la tuya, así que amablemente te vas a abstener de ayudar.

Una cosa es ser útil, pero otra muy diferente es ser un felpudo y permitir que la gente te zarande, asumiendo siempre que vas a dar un paso adelante. No sigas permitiendo que las personas manejen tu vida.

Siguiente...

Deja de justificarte y disculparte

Tenemos que reducir nuestras respuestas, ateniéndonos solo a dar un sí o un no y una razón general del porqué. Deja de contar tanta historia. (¡Oh, soy siempre la reina de esto!). La otra persona no necesita saber toda la variedad de detalles. De alguna forma, pensamos que amontonarlos justifica nuestra respuesta negativa. Solo diles la razón general del motivo y que debes amablemente rechazar la petición. No se necesita ninguna otra explicación ni disculpa. He aquí una frase beneficiosa para memorizar...

No contestes en un santiamén.
Haz una examinación sincera.

A menudo, damos nuestras respuestas en un santiamén. Una mejor práctica es hacer una pausa y orar, discerniendo si tu respuesta debe ser sí o no; examinar tu corazón para asegurarte de que no estés diciendo sí solo para ser agradable y recibir aprobación. Por tanto, no contestes en un santiamén. En cambio, tómate al menos veinticuatro horas para meditar, pidiéndole a Dios su paz. Una vez que sientas que has obtenido una dirección clara, entonces da tu respuesta. Si la persona que hace la pregunta simplemente insiste en una respuesta en ese momento, entonces diles que la respuesta tendrá que ser no.

Bien. Aquí viene una que tengo que recordarle repetidamente a mi cerebro...

Deja de hacer de los sentimientos de otros tu responsabilidad

¿Cuándo nos convertimos en las únicas responsables de la felicidad de todos aquellos en nuestras vidas? Una mirada honesta a mi vida hace unos años me enseñó que había hecho de los sentimientos de otros mi responsabilidad. No podía soportar ver a un miembro de la familia decepcionado, una amiga estresada o un compañero de trabajo molesto. Así que me lanzaba a la acción, haciendo o diciendo cosas con el fin de levantar su espíritu o resolver sus problemas. Los sentimientos de los demás no son tu responsabilidad. Permite que Dios trabaje en sus vidas en lugar de apresurarte a salvar la situación, convirtiendo esos ceños fruncidos en sonrisas. Ese no es tu trabajo. Es el de él.

Intentar ser todo para todos es completamente agotador. Socava nuestra fuerza mental y puede desgastarnos físicamente. ¿Alistarnos para convertirnos en una discípula agotada, tratando de satisfacer las necesidades de todos a cada paso y siendo la única responsable de sus sentimientos, es realmente la vida que

Dios quiere para nosotras? ¿Es esto lo que significa ser siervas de Cristo? ¿O alguna vez está bien ponerse primero?

De acuerdo, de acuerdo. Sé que este concepto suscita cierta controversia. No obstante, permíteme explicar lo que quiero decir con ello.

Haz lo que quieras (¡por una vez!)

Hace poco he empezado a establecer la costumbre de escuchar algunos pódcast durante mi caminata matutina, mientras preparo la cena a última hora de la tarde, o por la noche cuando doblo la ropa lavada antes de acostarme. Mi biblioteca de pódcast favoritos es muy variada. Además de los diseñados para el crecimiento espiritual, me suscribo a los de decoración de interiores, eventos actuales, historia, productividad y creatividad. Cuando los escucho, a veces es para crecer en mi caminar con el Señor. Otras veces es solo con el propósito de entretenerme.

No hace mucho, después de ver una recomendación en línea, decidí escuchar un pódcast del que no había oído hablar antes. El tema era el cuidado personal. Pensé que iba a obtener algunos nuevos consejos para cuidar de mí misma tanto en el área física, espiritual como mental, de modo que pudiera estar lo mejor posible, dispuesta a ministrar a los demás sin sacrificar mi salud. Vaya, no podía estar más equivocada.

En lugar de eso, escuché el concepto del cuidado personal hecho añicos y pintado como antibíblico. ¡Fue completamente desconcertante desde el principio! La presentadora hablaba más de viajes al salón de belleza para una manicura-pedicura fresca, o de salidas de compras para adquirir un nuevo artículo de ropa, que de tomar tiempo para descansar, reflexionar y recargar energía antes de aventurarnos en nuestras vidas como mujeres, esposas, madres y amigas. El cuidado personal se definió erróneamente como la atención frívola a nuestro cabello, maquillaje y ropa.

Me sentí muy frustrada mientras escuchaba las bromas de la crítica presentadora y su colega en el aire. Y me puse en el lugar de algunas mamás que conozco que están donde yo me encontraba hace años: emocionalmente agotada y físicamente exhausta mientras cuidaba a los niños pequeños. Las voces que emitía mi dispositivo parecían no dar lugar para que esa madre tan fatigada se tomara un descanso.

¿Su solución? Si tan solo ella confiara más en Cristo. Orara más. Creyera más. Entonces podría llevar a cabo sus muchos deberes en el hogar, criando sola a sus pequeños hijos y encargándose de toda la casa ella misma.

Aunque no sufrí de depresión posparto grave, este sí fue el caso de algunas amigas mías. Me estremecí mientras reflexionaba en lo que podrían pensar si hubieran escuchado la reprimenda que estaban transmitiendo mientras me encontraba en mi cocina cortando verduras para un estofado de pavo con chile.

Así que déjenme primero definir a lo que *yo* me refiero con cuidado personal. No estoy hablando de ir de compras y pintar tus uñas de fucsia brillante. (A pesar de que no veo absolutamente nada malo en hacer cualquiera de esas cosas. Aunque pinto mis uñas con esmalte melocotón pálido, no fucsia brillante. Va mucho mejor con mi tono de piel clara). Estoy hablando de alejarte de tus responsabilidades por una hora o dos —o tal vez incluso un día— con el fin de descansar físicamente, realinear tu mente y conectarte espiritualmente con Dios.

Nuestras responsabilidades en la vida, el trabajo, la iglesia y la comunidad giran alrededor de nosotras, combinándose a fin de hacer el brebaje perfecto para colapsar. Nosotras, las mujeres modernas, no somos las primeras en padecer tales problemas. Mira el siguiente pasaje del Evangelio de Marcos, donde Jesús y sus discípulos están lidiando con su propia sensación de vértigo. Comenzamos la historia en el capítulo seis.

Es aquí donde vemos a Jesús interactuar con sus seguidores más cercanos. Esta escena se intercala entre el momento en que oyó que su primo, Juan el Bautista, había sido decapitado por el rey Herodes y la alimentación de cinco mil personas en una ladera con solo cinco panes y dos peces.

La vida de nuestro Salvador ciertamente estaba llena de actividades y relaciones. Había momentos alegres y noticias tristes. No obstante, en medio de todo esto, leemos estas palabras en Marcos 6:31 de la versión Nueva Biblia de las Américas:

> Y Él les dijo: «Vengan, apártense de los demás a un lugar solitario y descansen un poco». Porque había muchos que iban y venían, y ellos no tenían tiempo ni siquiera para comer.

¿Puedes identificarte? ¿Las personas van y vienen continuamente, y muchas de ellas necesitan algo de ti? ¿Tu agenda está tan llena que apenas puedes encontrar tiempo para sentarte a comer algo? No sé tú, pero eso suena como una descripción bastante precisa de mi semana. Entonces, ¿qué sugiere Jesús como solución?

Nos hace una invitación maravillosa. Léelo nuevamente. Más lento esta vez... *«Vengan, apártense de los demás a un lugar solitario y descansen un poco».*

Ah, ¿entonces me está diciendo que me haga una pedicura? ¿Qué compre un bolso nuevo? No. Nos exhorta a hacer algo muy superior.

No hay dudas de que probablemente hayas oído hablar de las interrogantes clave *quién, qué, cuándo, dónde, por qué* y *cómo*. Estas son preguntas para reflexionar cada vez que estás recopilando información fundamental, como por ejemplo para un informe de noticias o una investigación policial.

Las respuestas a estas interrogantes proporcionan una fórmula para recopilar la historia completa sobre un asunto. Desglosemos este verso —al estilo del periodismo investigativo— para ver si podemos localizar las respuestas a estas seis preguntas. (Vamos a tomarlas en el orden en que aparecen en el versículo en lugar de la secuencia tradicional).

En primer lugar: «¿Qué?». ¿Qué es lo que Cristo nos invita a hacer?

Vengan...

El término griego del que obtenemos la palabra en español *vengan* significa «venir aquí». Ahora bien, si esa antigua palabra te desconcierta, su simple definición es «venir hacia o en dirección a». En este versículo tiene una variedad de significados, entre ellos «después, debajo de (refiriéndose "a un lugar inferior"), cara a cara, en presencia de y en privado».

Bien. Nuestra segunda pregunta es...

¿Quién? ¿Quién se supone que va a venir?

Encontramos la respuesta en esta frase:

...Apártense de los demás...

El griego prácticamente coincide aquí con el español. *Apartarse* significa que «vienes tú, a solas, con exclusión de otros». Sin embargo, otra faceta del significado se revela cuando... ¿estás preparada?... Me encanta esta interpretación... *eres impulsada o influenciada por otro, pero por voluntad propia.*

Bueno, eso deja bastante claro que Jesús es el que llama y que no arrastraremos a ningún amigo a esta pequeña excursión.

Veamos la tercera pregunta.

¿Dónde? ¿Cuál es nuestro destino?

...A un lugar solitario...

La palabra *lugar* significa «ubicación, región o sede». Sin embargo, también se puede utilizar para referirse a una oportunidad. Los términos *lugar* y *solitario* combinados describen un lugar desértico y despoblado donde la tranquilidad y la falta de perturbación son inevitables.

Y para clarificar aún más el cuadro, aquí está el cuarto pronombre.

¿Por qué? ¿Por qué hacer todo esto? A fin de que...

...Descansen un poco.

Esta frase se translitera mejor como: tomarse un descanso del trabajo, acallar, descansar tranquila y pacientemente, y relajarse por un breve y corto tiempo.

Lo único que le falta a este versículo es el *cuándo* y el *cómo*. Aunque tal vez no. Podemos discernir el cuándo al mirar hacia atrás a la primera frase: *Vengan*. La connotación griega no significa simplemente venir. Es una declaración imperativa y lleva implícita la fuerza de una interjección. Entonces, no decimos simplemente «Vengan», sino «¡*Vengan ahora!*». Debe ser de inmediato y sin demora.

Sin embargo, ¿qué hay de la parte quizás más importante, el *cómo*?

Dios nos creó a cada una de nosotras singularmente diferentes de las demás. Y así como no hay dos que sean exactamente iguales, no hay una manera que valga para todas en cuanto a acudir a Jesús para obtener el descanso que te ha prometido. De hecho, cuidado con aquellos que quieren darte una fórmula, un camino exclusivo que debes tomar para sentirte renovada.

No vayamos más allá de lo que está escrito en este versículo. Debemos disponer de un poco de tiempo para tomar un descanso de nuestro trabajo, a fin de poder apartarnos, a solas, a un lugar solitario y despoblado donde no nos molesten, para poder acallar nuestras almas, buscar a Jesús en privado, humillarnos delante de él, cara a cara, y tomar un descanso de nuestras labores. Esta es una oportunidad, como dice en griego. Y lo hacemos porque somos impulsadas o influenciadas por otro (el Señor), pero venimos por nuestra propia voluntad. No podemos ser forzadas. Debemos elegir voluntariamente.

¿Y cuándo deberíamos hacerlo? Tan pronto como sea posible.

Cómo detener el vacío de tu alma

Me desplomé en el sofá, completamente exhausta mental y físicamente. Mi esposo, observador y preocupado, se ofreció a llevar a nuestros tres hijos pequeños a pasar la noche en casa de sus padres para darme algo de alivio, y yo aproveché la oportunidad. Después de todo, mi agenda estaba llena de tareas agotadoras: dirigir un hogar ajetreado, cuidar a un bebé y un niño pequeño, y también intentar educar en casa a un niño del jardín de infantes (y hacer un trabajo bastante pobre, debo añadir).

Supuse que mi problema era la hiperactividad. Había dicho que sí a demasiadas peticiones y necesitaba un pequeño descanso, eso es todo. Sin embargo, un período de treinta y seis horas de siesta y relajación no resolvió mi dilema. Solo me hizo temer aún más el momento en que mi familia volviera a casa y yo tuviera que retomar mi vida, corriendo a una velocidad vertiginosa.

Esta no fue la única vez en mi vida que experimenté tanta ansiedad. Como estudiante universitaria, mientras asistía a clase y estaba muy involucrada en la asociación estudiantil y otras actividades extracurriculares, luché para mantenerme al día con todo. También era la asistente de piso de mi residencia de estudiantes, lo que significaba que pasaba mucho tiempo ayudando a los demás, ya fuera permitiéndoles entrar a su habitación cuando olvidaban su llave o escuchándolos cuando habían experimentado una ruptura o pérdida. Como resultado, con frecuencia llegaba a un punto donde me sentía abrumada y quería huir.

Una vez que terminé la escuela e inicié una carrera, los mismos sentimientos de cansancio a veces se apoderaban de mí, aunque las circunstancias que los causaban eran diferentes.

La verdad es que ya sea persiguiendo una carrera o persiguiendo a los niños, cuidando de un hogar o de padres ancianos, los diversos papeles que desempeñamos vienen con responsabilidades que a menudo pueden abrumarnos, haciendo que juguemos un juego perpetuo de ponernos al día.

Estas obligaciones pueden extraer la vida misma de nuestras almas. Y el vaciamiento de nuestras almas es un proceso difícil de detener. Sin embargo, Salmos 62:5 da una prescripción para nuestras almas cansadas: «Alma mía, espera en silencio solamente en Dios, pues de Él *viene* mi esperanza» (NBLA).

La palabra hebrea original para *espera* aquí significa «guardar silencio o permanecer quieto». Esta frase indica progresión. Nuestras almas a veces entran en un estado de inquietud y deben aquietarse. La definición de *alma* aquí significa «un ser, espíritu, individuo o persona viviente». En hebreo, el alma se refiere a la sede de las pasiones, los apetitos y las emociones de una persona. Es su mismo ser interior.

El escritor de Salmos 62:5 nos dice cómo hallar remedio para nuestras almas agotadas: «Espera en silencio solamente en Dios». En este contexto, la palabra *solamente* tiene un significado profundo en hebreo: «en notable contraste con cualquier otra idea; la única solución que funciona; la verdadera en lugar de una falsificación».

Por lo tanto, cuando nuestras almas son drenadas debido a los agotadores deberes de nuestras funciones o nuestro exceso de compromiso a causa de la complacencia, tenemos un remedio garantizado. Y no es una siesta o un descanso de nuestras responsabilidades, aunque ambas cosas pueden ayudar. La cura es Dios, y solo él puede aliviar y satisfacer nuestras almas. Sin embargo, ¿cómo?

Cuando leemos, estudiamos e incluso memorizamos su Palabra —no como una solución ingeniosa que nos permita superar nuestro cansancio marcando ciertas acciones en una lista— hacemos un esfuerzo por entretejer en nuestras almas las verdades vivificadoras que encontramos, desarrollando de este modo una relación más cercana con Jesús.

Eso también sucede cuando nos comunicamos con él por medio de la oración. No se trata de una lista rápida de «dame» y «bendíceme», sino de un tiempo profundo y enfocado en el que abrimos nuestros corazones a él. Así es como encontramos descanso para nuestras almas; un descanso sagrado que solo Dios puede brindar.

Ignoramos nuestras almas a nuestro propio riesgo. Tratamos de medicarlas con falsedades. No obstante, solo y únicamente en Dios puedes encontrar el verdadero descanso.

Toma un descanso de tu ajetreo, que es un resultado directo de ser complaciente. Toma un descanso de *hacer* tanto; en su lugar, cambia tu plan a *estar* con él.

Es tu llamado

Si yo fuera una mujer de apuestas, apostaría a que cuando se trata de pensar en ti primero, tu dulce y siempre complaciente ser tiene más equipaje que el carrusel tres en el aeropuerto O'Hare de Chicago. Lo encontramos extraño. Asumimos que está mal. Tenemos una visión tanto divergente como confusa de toda esta noción. Sin embargo, a pesar de que es un ejemplo *cliché*, el concepto es correcto: primero debes ponerte tu propia máscara de oxígeno antes de intentar ayudar a otros.

Aunque se ha sentido tan incómodo para mí como tratar de no pasarme de las líneas mientras coloreo un ala de mariposa en el libro para colorear *Maravillas de la naturaleza* con mi mano no dominante, he adoptado algunas prácticas con el fin de ayudarme a crear un respiro para mi alma y evitar que otros exijan mi atención instantánea. Me he dado cuenta de que estas medidas no son descorteces. Son útiles. No solo para mí, sino también para los demás. Trato de tener en cuenta que le estoy enseñando a la gente que me rodea cómo pueden tratarme.

Ahora suelo configurar los «mensajes automáticos» en mi cuenta de correo electrónico para que otros sepan cuándo tengo una semana ocupada y que no seré capaz de leer y responder su correo electrónico de inmediato. También les doy una fecha de cuándo reanudaré la correspondencia.

Reduje mi cuenta personal de Facebook a los miembros de la familia y compañeros de trabajo, ya que solo uso Facebook para ayudar a planificar las reuniones familiares (como decidir quién va a traer la cazuela de batata) o para comunicarme con compañeros de trabajo en algunos de los diferentes equipos de los que soy miembro. Esto no les cayó bien a algunas de las personas en mi vida. Les pareció impensable que alguien «eliminara su amistad». Y ya que muchos de ellos pasan una gran cantidad de tiempo haciendo clic y navegando por esta plataforma de redes sociales y piensan que mientras más «amigos» mejor, no pueden entender por qué todo el mundo no se siente así acerca de Facebook.

Para suavizar el golpe, antes de empezar a reducir mi lista expliqué cortésmente en un mensaje de anuncio que solo usaría mi cuenta para asuntos laborales y familiares. Invité a las personas a seguirme en Instagram, la plataforma de redes sociales que más me gusta. Ahora solo tengo setenta y cuatro amigos en Facebook, de los cuales cincuenta son compañeros de trabajo. Esta lista más corta evita que mi mente se llene de toneladas de información inútil, como qué almorzó alguien con quien fui a la iglesia hace diez años. También ha liberado un tiempo que puedo pasar como desee, porque ya no siento la atracción de conectarme por «unos pocos minutos» que siempre se convirtieron en treinta o más.

También he comenzado un «presupuesto para el descanso del alma» sin disculpas. Esto me permite utilizar este tiempo si encuentro una oferta fantástica de un alojamiento con desayuno incluido donde puedo ir a pasar la noche. Una vez allí, puedo no hacer absolutamente nada más que descansar, leer mi Biblia y relajarme realizando alguna actividad que disfruto, ya sea viendo una película antigua o escribiéndole una carta a una nueva amiga. Puedo gastar pequeñas cantidades de dinero en artículos como un nuevo diario de oración, un libro de estudio de la Biblia, una mezcla de aceites esenciales para mi difusor, o más recientemente, auriculares con cancelación de ruido para esas ocasiones en que necesito algo de paz y tranquilidad. (¡Aunque uno de mis hijos también quiere usarlos para entrenar con su música de los Beatles a todo volumen!).

Disponer de un margen de tiempo y descanso en tu vida es posible, incluso para aquellas que tienen niños pequeños en casa. Durante años intercambié el cuidado de los niños con una amiga o me escapaba mientras los niños pasaban un poco de tiempo con sus abuelos. Ser creativa puede ayudarte a conseguir tiempo para rejuvenecer. Sin embargo, tiene que ser *tu* llamado. *Tú* decides. *Tú eres* responsable por tu propia salud en cuerpo, alma y espíritu. Ningún otro ser humano lo hará por ti.

También es el llamado de Dios, en cierto modo. Es su llamado para ti que vengas y te sientas renovada. No te preocupes por lo que otros puedan decir. Solo necesitas complacer a Dios, no a los demás. La antigua primera dama Eleanor Roosevelt estaba en lo cierto cuando dijo: «Haz lo que sientas en tu corazón que es lo correcto, serás criticado de todos modos».[5]

¿Serás lo suficientemente audaz para hacer esta oración en serio, pidiéndole a Dios que le imparta valor a tu corazón para que puedas responder a su llamado de acudir a él? Léela con tus ojos. Órala con tu corazón. Luego, sigue adelante y haz que el resto de tu cuerpo busque el verdadero descanso que solo Jesús mismo puede dar.

Padre, perdóname por ignorar tu orden de acudir a ti y descansar un poco. Estoy tan ocupada cuidando y complaciendo a otros que descuido pasar tiempo sin prisa simplemente sentada a tus pies y sumergiéndome en tu Palabra. Por favor, ayúdame a organizar mis circunstancias para que pronto pueda pasar tiempo ininterrumpido a solas contigo. Que pueda beber profundamente de tu

generoso amor y recibir la calma y el consuelo que anhelo
y solo viene de ti. En el nombre de Jesús. Amén.

Capítulo 8

El malabarismo es real

Visto en una taza de café:
«Soy una persona complaciente en
recuperación. ¿Te parece bien?».

Enséñanos a contar de tal modo nuestros días,
que traigamos al corazón sabiduría.

—SALMOS 90:12 (NBLA)

¿Cómo manejas tu agenda? ¿Optas por una versión digital en tu teléfono, haciendo clic y deslizando para ingresar tus citas y configurando recordatorios para tus tareas? ¿O eres más una chica del papel, que prefiere garabatear tu agenda escribiendo sobre una hoja a la antigua usanza? Debido a mi labor en el ministerio en el que trabajo de forma remota, tengo que guardar al menos mis citas de trabajo en formato digital. De esta manera, mis colegas pueden invitarme a reuniones importantes que tengo por Zoom. Sin embargo, si la elección fuera mía, optaría siempre por un planificador encuadernado con espiral.

Me encanta comprar calendarios y planificadores. Cada año, busco tiendas de suministros de oficina o tiendas Etsy en Internet para encontrar el perfecto. Y mientras más extravagante y colorido mejor. Quiero un estilo de fuente lindo para las letras que separan las páginas, que me muestre las citas médicas, las tareas domésticas y las fechas de trabajo que debo recordar. Y si la cubierta viene en el tono perfecto de rosa salmón, azul turquesa o amarillo patito, hace que mi corazón cante. ¿No se verá encantador, apoyado sobre la parte superior de mi escritorio, ubicado al lado de mi taza de café extragrande favorita? (Disculpa, por favor, mientras tomo una foto para Instagram).

Puesto que me gusta pensar en mi año en términos de un año académico —que va de agosto al julio siguiente— esos planificadores son el tipo que selecciono. Y así, cada verano, durante las últimas semanas de julio, consigo un nuevo planificador para el próximo año académico, agarro mis bolígrafos de colores delebles, y comienzo a hacer mis anotaciones.

Estos bolígrafos de colores hacen que no solo se vea adorable, sino que además permiten que resulte funcional. Registro las fechas límites en azul. Para el tiempo personal uso púrpura. Anoto las promociones para mi blog o las redes sociales en rosa. Los compromisos familiares en verde. Cuando termino, veo un hermoso arcoíris de responsabilidades garabateado en las páginas de esta valiosa herramienta.

¿El único problema? Normalmente no queda mucho espacio en blanco. Verás, tengo este hábito recurrente y dañino. Quizás tú también. Debido a que trato de ser complaciente y servicial —y también me cuesta mucho decir que no—caigo fácilmente en el patrón de dejar que otros dicten mi lista de cosas por hacer, causando un gran amontonamiento en mi calendario.

Diré que he mejorado con los años. Hubo un tiempo —recién salida de la universidad y recién casada— en el que simplemente mirar mi lista de tareas a menudo me hacía hiperventilar. Ese ya no es el caso. Pero aun así, a veces me toma por sorpresa.

Cada tres años, con la precisión de un reloj, siento que mi plato se vuelve demasiado pesado con todas las responsabilidades que he puesto en él. (¡O más exactamente, con todas las responsabilidades que he dejado que otros coloquen en mi plato sin que yo las rechace!). Y así, cuando me doy cuenta de que estoy una vez más abarcando demasiado, tengo que hacerle frente a la música de la multitarea y darme cuenta de que algo tiene que ceder.

Hermana, veinticuatro horas es todo lo que tienes. Es todo lo que tengo. Todo lo que su amiga más productiva o pariente menos eficiente tiene. Todas nosotras tenemos tareas y responsabilidades con las que hacemos malabares, que surgen de nuestros hogares, familias, empleos y funciones. Sin embargo, parece que todas no buscamos enredarnos de la misma manera. Están aquellas que son expertas en la navegación a través de la tensión entre sus relaciones y sus responsabilidades. ¿Y algunas del resto de nosotras? ¡No! Fracasamos en esta tarea. Seré la primera en levantar la mano y admitirlo.

Después de luchar en esta área por un par de décadas, me di cuenta del desgaste al que me estaba sometiendo. Mi deseo de ser conocida como comprensiva y servicial estaba ahogando mi deseo de poder manejar mis días y aprovechar mi tiempo con sabiduría. Como resultado, mi alma estaba sufriendo. Me encanta cómo Lysa TerKeurst lo expresa en su libro *El mejor sí: Libérese del sentido de obligación de agradar a todos*. Ella reconoce con acierto la progresión.

> Las decisiones que tomamos dictan los horarios que mantenemos. Los horarios que mantenemos determinan las vidas que vivimos. Las vidas que vivimos determinan cómo ocupamos nuestras almas. Así que no solo es cuestión de encontrar el tiempo, sino también de honrar a Dios con el tiempo que tenemos.[1]

Cuando permitimos que otras personas determinen nuestros horarios, fallamos en honrar a Dios con el tiempo que tenemos. Y nuestras almas lo manifiestan en gran medida.

Entonces, ¿cómo nos aseguramos de que nuestros calendarios no se vuelvan tan atestados —usando nuestros bolígrafos de gel de colores coordinados— y que los asuntos que Dios desea que pongamos allí sean desplazados? Es hora de que aprendamos a navegar a través de la tensión entre las personas en nuestra vida y nuestras listas de tareas.

Tus relaciones y tu lista de tareas

Cada una de nosotras tiene dos realidades constantes que compiten por la atención en nuestras vidas: tenemos a las personas y tenemos una lista de tareas. No obstante, para todas nosotras estos dos componentes son distintivos y la forma en que se combinan es única.

Está la mujer trabajadora milenial que vive en un apartamento contemporáneo en un edificio en el centro de la ciudad. Tiene un trabajo de nueve a cinco en el que debe vestir ropa formal y además relaciones con compañeros de trabajo, padres, hermanos y amigos. Ella utiliza el transporte público. Es voluntaria en un refugio de mujeres locales los fines de semana. Su vida está completa. Su agenda puede volverse ajetreada.

Sin embargo, otra mujer puede tener la vida de una esposa y madre a tiempo completo, luchando con responsabilidades mientras prepara la cena para su familia de cinco. Ella tiene un bebé y algunos niños pequeños. Y un montón de ropa alrededor de un montón de platos junto a un montón de facturas, todos llamándola por su nombre. Aunque pasa la mayor parte de su tiempo dentro de cuatro paredes, también siente la presión entre sus relaciones y su lista de tareas. Su vida está completa. Su agenda puede volverse ajetreada.

Justo al otro lado de la ciudad vive otra mujer con el nido vacío. Después de criar a sus hijos, su vida se reduce a cocinar para dos. Tiene un trabajo de tiempo parcial y padres ancianos que necesitan su ayuda. Y ahora algunos nietos con apariencia de querubines han entrado alegremente en escena. Aunque pensó que esta etapa del nido vacío le dejaría más tiempo para ella, estaba equivocada. Su vida está completa. Su agenda puede volverse ajetreada.

No importa cuál sea nuestra temporada en la vida —o los diversos papeles en los que ahora somos las protagonistas— todas tenemos la tendencia a dejar que nuestras agendas se vuelvan desordenadas y ajetreadas a medida que tomamos decisiones diarias que afectarán tanto nuestras relaciones como nuestros deberes. Lo que a menudo no reconocemos es cómo ambas cosas están estrechamente entrelazadas. ¿Cómo podemos dedicarles tiempo a las personas más importantes en nuestras vidas mientras seguimos marcando las casillas en nuestra lista de tareas pendientes? A menudo, les concedemos un permiso a ciertas personas que deberían estar desempeñando un papel menor en nuestras vidas y los elevamos al puesto de director ejecutivo y productor. Recuerda, si no estás decidida a priorizar tu tiempo, hay muchos otros ahí afuera felices de ocuparlo por ti.

Así que, vamos a cambiar esto, ¿de acuerdo? Comencemos por detectar a aquellos en nuestras vidas que parecen atender con éxito sus tareas sin olvidar sus relaciones. Hay algunas mujeres que me vienen de inmediato a la mente. Ellas tienen a su gente. También poseen sus listas de tareas. Sin embargo, lo que también tienen es un don para manejar ambas cosas sin que todo se les desmorone.

Recuerdo maravillarme de lo bien que una amiga mía de una antigua ciudad parecía estar manejando una vida que casi reflejaba la mía. Ambas éramos madres que nos habíamos casado jóvenes y teníamos tres hijos cada una. Estábamos involucradas en las actividades de la iglesia y la comunidad, y en ese entonces las dos educábamos en casa a nuestro hijo mayor. Sin embargo, me sorprendía mucho cómo ella parecía tan tranquila y confiada al llevar a cabo sus tareas, mientras que yo parecía siempre llegar tarde y quedarme corta, agotada por el exceso de compromisos producto de mi complacencia. Y así, decidí investigar atentamente cómo se comportaba, viendo si podía lograr que me contara sus secretos.

Una mañana de otoño, amontoné a mis queridos dependientes en nuestra vieja pero confiable miniván azul y me dirigí al sur del estado para visitarla a ella y sus hijos. A pesar de que no teníamos planeado mucho, además de beber té caliente mientras los niños jugaban, esperaba con interés la interacción humana adulta.

Siempre me encantó estar en la casa de esta amiga. Era una vivienda pintoresca de ladrillos rojos, con una decoración cálida y acogedora, imitando su personalidad a la perfección. Llegamos alrededor de las 9:30 y saqué a los niños de sus sillas para el auto, tomé el bolso de pañales y subí por su sendero.

Después de los saludos y abrazos, nos aseguramos de que los niños se acomodaran con sus juguetes y nos sentamos a la mesa de su cocina para ponernos al día. Mientras sorbía mi té con especias de naranja y comía un delicioso panecillo que ella había preparado para nosotras como aperitivo ese día, oí sonar su teléfono.

Dejé de hablar a mitad de la frase, esperando que tomara su teléfono y contestara. Al menos esa era la costumbre que había adoptado en mi vida. El teléfono suena, una responde. Así que no pude evitar sorprenderme de que dejara que siguiera sonando y se activara el buzón de voz. La interrupción potencial en nuestra conversación no parecía perturbarla en absoluto, ni parecía tener curiosidad sobre quién podría haber estado al otro lado de esa llamada. De hecho, el sonido estaba bajo, de modo que ni siquiera podía oír quién dejaba el mensaje.

Al final, mi curiosidad no me dejó mantener mis labios cerrados por más tiempo. Y entonces, exclamé: «¿Por qué no respondiste esa llamada? Quiero decir, la visita habría continuado una vez que hubieras contestado y terminado la conversación».

Sonrió dulcemente y, sin siquiera tener que pensarlo, dio su respuesta. «Tú y yo rara vez pasamos tiempo juntas. Quienquiera que estuviera en ese teléfono puede esperar. Además, si fuera una emergencia, volverían a llamar. Sin embargo, ya que acaban de dejar un mensaje, no debe ser algo crucial. Lo escucharé esta noche después de cenar». Luego bebió su té despreocupadamente y retomó nuestra conversación.

«¿Quieres decir que no escucharás ese mensaje hasta dentro de ocho horas?», pregunté de manera incrédula. «Bueno», contestó, «voy a revisar para ver quién fue el que llamó. Si es alguien de mi familia, escucharé el mensaje de voz y luego les regresaré la llamada. Pero para el resto, ni siquiera escucho ni respondo los mensajes hasta que la cena está lista y la cocina limpia».

Me quedé allí estupefacta. Supongo que nunca se me ocurrió que (a) no tengo que contestar el teléfono en el momento en que suena y (b) no necesitaba escuchar los mensajes en el instante en que tenía un momento libre en el día. Creo que había caído en ese hábito en parte debido a mi curiosidad sobre quién estaba llamando, y también porque sentía que esto era lo que se esperaba de mí. Si alguien hacía un comentario acerca de que no respondí cuando llamaron o sobre que me llevó un tiempo devolver la llamada, no me gustaba. Pensé que eso significaba que estaban insinuando sutilmente que no me importaban o no estaba lo suficientemente organizada para devolver las llamadas de forma oportuna. No obstante, si mi amiga recibiera un comentario así, no le molestaría en absoluto. Porque ella tenía algo de lo cual yo parecía carecer cuando se trataba de hacer malabares con las relaciones y las tareas.

Ella tenía un plan.

El resto de nuestra conversación esa mañana giró hacia su plan para manejar a la gente y limitar las expectativas que tenían sobre ella. Debes saber que mi amiga no tiene en absoluto una personalidad poderosa o dominante. Ella es mucho más relajada. Un alma tranquila y sin pretensiones. No exuda ni una pizca de prepotencia. Sin embargo, es fantástica colocando límites en su vida y creando un plan para su día.

Me empapé de cada palabra mientras hablaba de cómo nunca contesta el teléfono durante el tiempo que está cuidando a sus hijos, incluyendo la educación en casa de su hijo mayor, que estaba en primer grado. Determinó que simplemente la distraía demasiado. De hecho, tenía algunas amigas que parecían tener mucho tiempo en sus manos. Ellas constantemente llamaban para charlar. Por mucho que amaba a estas amigas, sabía que cumplir con sus expectativas de conversaciones diarias no era algo que le interesara. Eso evitaría que pasara tiempo con sus hijos. La retrasaría y le impediría cumplir con sus obligaciones en la casa. Y mi amiga no iba a permitir interrupciones durante su tiempo de instrucción con su hijo de primer grado. Fue una idea muy novedosa para mí que ella tuviera amigas cercanas —con las que estaba en buenos términos— pero no permitía que el tiempo que les dedicaba interfiriera con su familia o sus responsabilidades en el hogar.

A partir de allí nuestra conversación se centró en la planificación del menú y las compras de comestibles. Me enteré de cómo cocinaba las comidas con anticipación, así no estaba atada al horno todo el día. Y descubrí cómo sacaba tiempo para pasar con sus padres, sin mencionar a su esposo, los cuales ocupaban el primer lugar de su lista de personas con las que necesitaba conectarse semanalmente.

Y entonces pensé en las muchas veces que la había llamado durante el día y no contestaba. Sucedía con frecuencia. Luego, tal como decía, con la precisión de un reloj, me llamaba después de cenar. Y tuve que admitir que nunca me había molestado. Ella siempre estaba alegre y parecía contenta de hablar conmigo cuando ambas teníamos el tiempo para hacerlo. Nunca me sentí rechazada ni menospreciada en lo más mínimo. Nuestra amistad prosperaba a pesar de que ella había establecido algunos límites claros y constantes.

Después de ese encuentro, conduje a casa con esperanza en mi corazón —y lo más importante, con una estrategia en mi cerebro— para desenredar el dilema de las relaciones versus las responsabilidades en el que estaba atrapada. Decidí adoptar la misma práctica en mi vida. No fue fácil en absoluto, ya que el sonido del teléfono siempre me atrajo como las tiritas de pollo a la mostaza con miel. Hasta ese momento, rara vez dejaba que una llamada pasara al buzón de voz. Sin embargo, logré crear una pequeña rutina. Dejaba que sonara el teléfono. Esperaba a que la persona que llamara dejara un mensaje de voz. Luego les regresaba la llamada esa noche. Pan comido.

Me apegué a la estrategia; me daba una palmada en mi propia mano cuando sentía la tentación de responder de inmediato. Pronto, empecé a recibir menos llamadas durante el día. Siendo fiel al viejo consejo: «Tú le enseñas a la gente cómo tratarte», los amigos (e incluso algunos familiares locuaces) pronto supieron que yo ya no iba a correr al teléfono cada vez que lo escuchara sonar.

La lección de vida que mi amiga improvisara para mí aquel día —sobre cómo manejar tanto tu tiempo como tus relaciones— me envió a una misión. Estaba cansada de vivir mi vida a merced de otros. Harta de dejarlos hablar o chantajearme para que me comprometiera con determinadas tareas. Y ya no quería tener apenas espacio en blanco en mi próximo calendario —o poco margen en mi día— para simplemente hacer algo que me pareciera agradable.

De hecho, pasó por mi cabeza que no había practicado un pasatiempo en casi una década. Estaba demasiado ocupada siendo esposa, mamá, miembro de la iglesia, trabajadora comunitaria, vecina y miembro de la familia para hacer cualquier cosa por puro placer.

A propósito, esta amiga fue un ejemplo sorprendente de alguien que maneja su tiempo sabiamente sin descuidar sus relaciones. No permitió que la gente dictara cómo ella utilizaba su tiempo, pero todavía mantenía sus relaciones prósperas. Aprendí mucho de ella.

Sin embargo, las lecciones no se detienen con nuestras amigas productivas y decididas. Podemos adquirir mucha sabiduría a partir de la vida de Jesús. Aunque era plenamente Dios, caminó por la tierra como un hombre. La forma en que él se condujo mientras vivía en nuestro orbe giratorio también puede ser un ejemplo de cómo amar y servir a las personas sin descuidar nuestro trabajo.

Una mirada al Señor

Cuando Jesús recorría los polvorientos caminos y campos de la Tierra Santa, contaba con tanto tiempo como nosotros: veinticuatro horas al día. Ciento sesenta y ocho horas a la semana. Y cincuenta y dos semanas cada año. Según los relatos del Nuevo Testamento, él nunca parecía tener prisa. Sin embargo, era el Hijo de Dios en una misión muy grande. Su vida estaba saturada de personas. Tenía una familia. Amigos. Trabajo, adoración y descanso. ¿Qué podemos aprender de él con respecto a cómo debemos vivir, no solo de una manera exitosa, sino de un modo que agrade a Dios?

Los Evangelios muestran que conectarse con su Padre era de suma importancia para Cristo. Él pasaba tiempo orando y estudiando las Escrituras, a menudo durante situaciones de un ministerio intenso. Consultó a Dios antes de seleccionar a su equipo ministerial, los doce discípulos. Oraba cuando realizaba tareas relacionadas con su misión, incluyendo la alimentación de cinco mil personas hambrientas una tarde. Observamos al Señor orando mientras se preparaba para un tiempo difícil, ya sea en medio de una crisis o antes de su arresto en el huerto de Getsemaní. También se retiró a orar cuando el ministerio amenazó con abrumarlo.

Pasar tiempo en comunión con Dios para renovar sus fuerzas ocupaba el primer lugar de su lista de prioridades, tal vez hasta estaba escrito en tinta roja brillante indeleble. Había atesorado la Palabra de Dios en su corazón. Incluso cuando Satanás vino contra él en el desierto no tuvo ninguna oportunidad. Jesús citó por reflejo las Escrituras de memoria para combatir al diablo y sus estratagemas.

¿Es estar en la presencia de Dios —conectándose a través de la oración y el estudio de la Biblia— de gran importancia para ti? ¿Lo demuestra tu agenda? ¿O te conformas con hacer algunas peticiones rápidas de oración y un pequeño devocional antes de irrumpir en tu día? Como si saludaras a una amiga de la preparatoria en el pasillo antes de clases, ¿le dices «¡Hola!» a Jesús en la mañana, pero luego lo ignoras por completo el resto del día? Odio admitir que algunos días mi respuesta a esta última pregunta sería un gran y rotundo sí. *Suspiro.*

Jesús tenía una agenda completa mientras estaba en la tierra, sazonada tanto con personas como con propósito:

- A veces su ministerio consistía en predicarles las buenas nuevas a las multitudes. Otras veces, en alimentar a una multitud hambrienta o sanar a una mujer que extendió la mano para tocar su manto entre la muchedumbre (Mateo 5:1—7:29; Mateo 14:13-21; Marcos 5:24-35).
- Tenía familiares que incluían no solo a sus padres, sino también a sus cuatro medio hermanos —Santiago, José, Judas y Simón— y a su primo Juan el Bautista (Mateo 13:55; Lucas 1:36).
- Eligió a un grupo de setenta y dos, adiestrándolos antes de que se embarcaran en una misión de cosecha para el reino (Lucas 10:1-3).
- La mayor parte del tiempo estaba con los doce discípulos, mostrándoles de cerca y en persona, por medio de sus palabras y acciones, cómo vivir con el ejemplo (Mateo 10:1-5; Marcos 10:32-34).
- Y el Señor incluso tenía un círculo íntimo de los más cercanos a él: Pedro, Jacobo y Juan (Mateo 17:1-3; Marcos 14:32-34; Lucas 8:51-52).

Los extraños lo aclamaban. Los líderes religiosos lo criticaban. Algunos incluso planearon quitarle la vida.

Aunque Jesús tenía muchas personas en su vida, también tenía un plan. A pesar de todo, nunca dejó que la gente lo disuadiera de llevar a cabo su misión principal.

> El Espíritu del Señor está sobre mí, por cuanto me ha ungido para anunciar buenas nuevas a los pobres. Me ha enviado a proclamar libertad a los cautivos y dar vista a los ciegos, a poner en libertad a los oprimidos, a pregonar el año del favor del Señor. (Lucas 4:18-19)

Me fascina cómo Jesús se mantuvo fiel a su misión, pero sabía cómo manejar sus interacciones con las personas. No dejó que las multitudes lo abrumaran. A veces escogía a individuos como la mujer en el pozo (Juan 4:1-26), la mujer que padecía de hemorragias (Marcos 5:24-35) y el joven dirigente rico (Lucas 18:18-23). Permaneció firme en su llamado y a su vez confiado en sus interacciones humanas, sabiendo cuándo servir a los demás y cuándo retirarse a descansar.

Hablando de descanso, Jesús se tomaba en serio el día de reposo, aunque no era legalista. Reconocía nuestra necesidad de seguir el patrón revelado en la creación de trabajar seis días y descansar en el séptimo. No obstante, tomaba en cuenta las emergencias que podrían ocurrir durante el día de reposo. Él afirmó que el día sábado fue hecho para el hombre, no al revés. Así que, si un animal necesitaba que lo rescataran o un individuo necesitaba sanidad, alteraba su rutina normal y los atendía en el día de reposo.

Nadie lo categorizaría como ocioso o perezoso. Hacía su trabajo con gusto y eficiencia. Toma un resaltador alguna vez y recorre el Evangelio de Marcos, marcando cada vez que veas la frase *en seguida*. Jesús era una persona con propósito. No derrochaba su tiempo. Era la personificación del proverbio: «Trabaja con inteligencia, no con dureza». No lo vemos permitiendo que las expectativas y los deseos de otros lo disuadieran de su misión o lo agotaran emocionalmente. Él alternaba entre el trabajo, la gente y el descanso de forma exitosa y de una manera que agradaba a Dios.

Si queremos aprender a tener éxito tanto en lo que se refiere a las relaciones interpersonales como a establecer nuestros propios horarios, primero tenemos que abordar un tema que Jesús entendía. Se han escrito muchas publicaciones de blogs sobre ello; decenas de sermones se han predicados al respecto. Sin embargo, ¿entendemos realmente lo que significa vivir conforme a ellas?

Estoy hablando de las prioridades.

Tratamiento de prioridades

Casi una década después de mi encuentro con mi sabia amiga —que no permitió que su agenda fuera dictada por todos los demás en su vida— empecé a escribir un blog. En realidad, comencé ante su insistencia. Dios me había enseñado mucho acerca de hacer malabares con mis relaciones interpersonales y mis tareas; complaciéndolo a él y sirviendo a mi prójimo mientras me rehusaba a ser invadida por las tareas que me asignaban.

Yo quería que el enfoque de mi blog estuviera en ayudar a otras personas a dar sus primeros pasos en esta área también. Y así, se me ocurrió un lema: *Vive conforme a tus prioridades. Ama tu vida.*

Había observado que las mujeres que más parecían amar sus vidas —las cuales eran capaces de equilibrar el trabajo arduo con el disfrute de sus familias e incluso algunas actividades de ocio— eran las que realmente vivían conforme a sus prioridades. Por lo tanto, en cada entrada de blog, traté de proporcionar soluciones creativas e ideas factibles para que las mujeres se ocuparan de las prioridades en sus vidas, ya fueran su relación con Dios y los miembros de su familia o el manejo sabio del tiempo, a fin de que pudieran realizar las tareas que Dios las llamó a hacer.

En poco tiempo, comprobé que lo que más se necesitaba en esta área era consejería sobre cómo vivir realmente conforme a tus prioridades, siendo proactiva en lugar de reactiva. Las mujeres necesitan ser empoderadas para convertirse en las «directoras principales» de sus propias agendas, asegurándose de que lo que realmente se incorpore en la página del calendario o la aplicación de teléfono sea una orden directa de Dios, en lugar de simplemente un resultado de tratar de hacer feliz a alguien más.

Cuando se nos pregunta sobre nuestras prioridades, la mayoría de nosotras colocamos a Dios en primer lugar, a nuestros familiares cercanos en segundo lugar, luego el trabajo, los amigos y así sucesivamente. Sin embargo, a menudo la realidad de nuestro comportamiento representa un escenario muy diferente.

Hace algunos años fui desafiada en el área de las prioridades, ya que por fin había admitido que las mías estaban completamente fuera de control. Si me hubieras preguntado cuáles eran mis prioridades, habría respondido que eran estas, en el siguiente orden:

1. Dios.
2. Mi esposo.
3. Mis hijos.
4. Otros miembros de la familia extendida.
5. Mi trabajo (solo trabajaba a tiempo parcial en un emprendimiento en casa).
6. Mis responsabilidades como miembro de la iglesia.
7. Mis amigos cercanos.
8. Mis vecinos y otros amigos no tan cercanos.
9. Mis responsabilidades fuera del hogar.
10. Todos y todo lo demás.

El problema se hizo evidente cuando veías la manera en la que no solo planeaba, sino llevaba a cabo mis días. La realidad de mi agenda no coincidía en absoluto con mis prioridades. A menudo, estaba dejando que una prioridad que se encontraba al principio de la lista fuera usurpada por una inferior.

Ahora bien, es un poco difícil cuando pensamos en Dios como la prioridad número uno. No estoy sugiriendo que esto significa que pasemos la mayor cantidad de tiempo con él cada día. No podemos estudiar la Biblia durante ocho horas y descuidar el resto de nuestras responsabilidades. Más bien se trata de pensar: *¿puedo encontrar el tiempo para estar en comunión con* él *a diario, haciendo de ello una prioridad? ¿Dedico tiempo cada día a aprender de la Palabra de Dios y comunicarme con él a través de la oración? ¿O permito que otras cosas ocupen mi tiempo con él?*

Es el mismo concepto con un trabajo a tiempo completo fuera del hogar. Esto puede ocupar la mayor parte de tu día, simplemente porque tienes que hacerlo. Pero repito, se trata de un asunto de importancia. ¿Estás permitiendo interrupciones a lo largo de tu día de trabajo por parte de personas en la porción inferior de tu lista que no dejan de llamarte, enviarte mensajes de texto o necesitar cosas de ti de alguna otra manera?

Así se veía cuando hice mi experimento, registrando un seguimiento no solo de cómo pasaba mi tiempo, sino también de qué personas y prioridades estaba segura de no perderme cada día y cuáles otras simplemente pasaba por alto o ignoraba.

Se suponía que debía asistir a un compromiso con uno de mis hijos (una prioridad número tres). Sin embargo, llegó una prioridad número ocho, una amiga no tan cercana o una conocida de la iglesia. O llamaron a mi puerta, hicieron vibrar mi teléfono o me enviaron un correo electrónico implorándome que les ayudara a apagar su incendio. Pronto su crisis se convirtió en la mía, ¿y qué hice? Dejé a mi hijo esperando y me escapé a salvar el mundo.

Con el fin de examinar realmente con qué frecuencia esto me sucedía, clavé con tachuelas una lista de las prioridades mencionadas en la pizarra de anuncios cerca del escritorio donde escribía mi blog. Luego, me observé como un halcón durante unas tres semanas, haciendo un seguimiento de la frecuencia con la que pasaba cada día con mi familia, mi trabajo en el ministerio, mis responsabilidades domésticas, así como cuán a menudo estaba tratando con otras personas o ayudándolas.

Quedé sorprendida cuando, al final de las tres semanas, revisé mis hábitos. Mientras que mi hogar y familia recibían la mayor parte de mi tiempo, estaba permitiendo que influencias externas llenaran mis días al ayudar a personas que no eran mis amigas cercanas, pero a quienes había acostumbrado por medio de mi comportamiento a que acudieran a mí para... bueno... ¡casi cualquier cosa!

Desperdicié muchos días de leer y estudiar la Biblia o pasar tiempo en oración (prioridad número uno de mi lista). No obstante, rara vez dejaba pasar un día sin devolver la llamada telefónica, el correo electrónico o el mensaje de texto de alguien (prioridad número cuatro, siete, ocho y diez).

Este ejercicio revelador encendió un fuego en mí aquel día. Ya no quería estar a merced de las agendas diarias de los demás, a su entera disposición y a sus órdenes cada instante. Deseaba profundamente que cómo pasaba mi tiempo se alineara con lo que pretendía que fueran mis prioridades.

A través de los años, he desafiado a muchas mujeres en mis congresos a hacer este mismo ejercicio. Elaborar una lista. Observar su comportamiento. Ver cómo se alinean. A menudo, recibía correos electrónicos unas semanas después de los eventos por parte de estas señoras con sus resultados.

Había algunas para las que el ejercicio era muy confirmador; ellas estaban en esencia pasando su tiempo de una manera que se alineaba con las prioridades que habían declarado. Sin embargo, a otras se les presentó un escenario completamente contrastante. Muchas admitieron que estaban permitiendo que las prioridades del ocho al diez (¡énfasis en el diez!) superaran a las prioridades del número dos al cuatro.

Recuerdo vívidamente a una mujer que era muy cercana a un grupo de amigas en el que todas disfrutaban de los álbumes de recortes digitales. Ella reveló que nunca faltaba a las sesiones semanales de álbum de recortes, pero a menudo descuidaba el tiempo de calidad con su esposo y pasaba muy poco tiempo leyendo y estudiando la Biblia. Debido a que su pasatiempo estaba ligado a sus amigas, nunca lo abandonó.

Si nos proponemos vivir según nuestras prioridades, nuestras agendas van a verse alteradas. En lugar de simplemente permitir la infiltración de tareas que resultan de las muchas peticiones que recibimos —o de nuestra propia culpa equivocada y falta de planificación— podemos intencionalmente diseñar nuestros calendarios de una manera que se alinee con qué y quiénes son de mayor importancia en nuestras vidas. Llegar hasta allí podría no ser divertido, pero será eficaz, ¡y sentirás la satisfacción de tener tus prioridades ordenadas!

Acceso denegado

Desbloqueé mi teléfono y abrí la aplicación del banco donde mi esposo y yo tenemos nuestro dinero guardado. Ya que quiero tener la mayor cantidad de seguridad en esa cuenta, nunca guardo mi nombre de usuario ni contraseña, sino que los ingreso manualmente cada vez que necesito revisar mi cuenta bancaria. Sé que parece molesto, pero mi paranoia eclipsa las molestias, haciéndome sentir un poco más segura.

No obstante, aquella mañana, sin importar cuántas veces ingresara mi nombre de usuario y contraseña, las mismas letras mayúsculas en rojo fuerte no dejaban de aparecer en mi pantalla «ACCESO DENEGADO». ¿Qué rayos pasaba? No podía entender lo que estaba ocurriendo. Cada varios días más o menos, revisaba tanto nuestra cuenta de ahorros como nuestra cuenta corriente, a fin de asegurarme de que no ocurriera nada malo o no apareciera algún cargo que no había autorizado. (Ejem... ¡como un pase para las peleas de UFC por $59,99 que mi hijo compró para que él y sus amigos a los que les gusta comer pizza pudieran ver los enfrentamientos una noche!).

Finalmente, me di cuenta de lo que estaba mal. Estaba ingresando el nombre de usuario y la contraseña muy bien. Sin embargo, estos no correspondían a nuestra cuenta bancaria, sino a la aplicación de efectivo que uso para cobrar dinero proveniente de mis hijos cuando me deben algo. (Y fue bastante útil cuando descubrí el cargo no autorizado del pase para las peleas de UFC).

Para muchas de nosotras, es como si el nombre de usuario y la contraseña de nuestras agendas se hubieran transmitido públicamente, concediéndoles acceso no autorizado a las personas en nuestras vidas. Ellas se mantienen jaqueando nuestra cuenta y llenando nuestro tiempo. Por supuesto, no es totalmente su culpa. Les estamos permitiendo hacerlo. Aun así, es hora de cambiar la información de acceso y empezar a denegarles el ingreso.

He aquí algunas medidas para poner en marcha que nos ayudarán a empezar a compatibilizar con éxito nuestras responsabilidades y relaciones de una manera que agrade a Dios sin quedar exhaustas.

Comienza por tus innegociables

Toma tu calendario en blanco, ya sea en formato digital o en papel, y coloca allí aquello que no estés dispuesta a negociar en tu vida. Estas son las cosas que no se pueden cambiar. Completa bloques de tiempo, incluyendo horas de trabajo, tiempo cuidando a los niños u otros parientes, tareas domésticas y compromisos de la iglesia.

Siguiente, deja algunos espacios en blanco

Esto es lo siguiente en importancia después de tus innegociables, porque resulta crucial para tu salud mental. Reserva algún espacio en blanco para tomar un descanso, disfrutar de un pasatiempo o simplemente no hacer nada. No tiene que ser mucho.

Hay temporadas en la vida en las que no tenemos mucho espacio en blanco. Cuando era madre a tiempo completo de dos niños pequeños y un bebé lactante, con un esposo que trabajaba un montón de horas extras en una fábrica de automóviles, solo tenía alrededor de una hora para mí misma cada semana, pero vaya, ¡cómo la necesitaba! Preocúpate por tu propia salud mental lo suficiente como para luchar por tener un espacio en blanco en tu semana. Si puedes darte el lujo, concédete treinta minutos de tiempo por día completamente no programado. Este no es el único tiempo que tomarás para ti, pero puedes usarlo (según sea necesario) para ayudar a alguien que realmente requiera tu ayuda.

Luego, redacta tus propias reglas de oro

Idea reglas específicas a las que puedas apegarte todo lo posible. Tal vez puedas no responder los mensajes de texto y los mensajes de voz hasta la noche. Una persona que conozco tiene reglas para sus interacciones con los demás. Ella responde los comentarios de Facebook los martes y los mensajes privados en Instagram los jueves, contesta los correos electrónicos los lunes y miércoles, y luego se aleja de su correo electrónico y cuentas de redes sociales de viernes a domingo. En cuanto a los mensajes de texto y los mensajes de voz, solo responde los urgentes cuando entran y dedica media hora cada noche para responder a los demás. Si no llega a hacerlo esa noche, los pasa para la noche siguiente. Las personas que forman parte de su vida conocen estas pautas por lo que no esperan una respuesta inmediata y aprenden a adaptarse a sus costumbres.

Bien, el siguiente me ha liberado una o dos veces. Es...

Informa en lugar de disculparte

No te hace ningún bien idear algunos parámetros y procedimientos, y luego afanarte para disculparte por ellos ante otros. No te disculpes; informa. Puede asemejarse a algo así:

Cuando devuelvas la llamada de alguien, no empieces diciendo: «Oye, siento mucho que recién ahora te esté respondiendo, pero estoy tratando de no devolver los mensajes de voz hasta después de la cena». Di más bien: «Acabo de escuchar ahora tu mensaje de voz de esta mañana...» y luego simplemente dales tu respuesta. Si hacen algún comentario acerca de que te llevó un tiempo responder, no te estremezcas. *¡Puedes hacerlo!* Solo tienes que declarar: «A fin de utilizar mi tiempo de manera más eficaz, respondo todos los mensajes de voz a la vez durante el atardecer». Fin del juego. No es necesario dar más explicaciones.

La siguiente es una forma divertida de mantenerte encaminada...

Hazte un recordatorio visual

Algunas de nosotras hacemos bien en tener un recordatorio visual. Puedes diseñarlo tanto a mano, utilizando tarjetas y lápices de colores o marcadores, o en tu computadora. Escribe en una lista tus prioridades en orden. Incluso puedes empezar enumerando la primera en la parte superior de la página en letra grande y luego ir añadiendo prioridades sucesivas en fuentes de tamaño decreciente. Tener tal recordatorio en tu escritorio, o mejor aún como protector de pantalla en tu teléfono, puede hacer que recuerdes tus prioridades mientras tratas con las personas y ejecutas tus proyectos.

¿No quieres hacerlo sola? Entonces...

Consigue la ayuda de otra amiga con el mismo desafío

Sin duda no eres la única que lucha para descubrir cómo mantener tus relaciones mientras intentas lograr hacer todo en tu vida. Escoge a una amiga que también quiera crecer en esta área. Intercambien mensajes cuando necesiten apoyo. Pueden consultarse una vez por semana para ver cómo van las cosas. Es útil saber que no estás sola. Tener una acompañante para brindarte apoyo y una nueva perspectiva puede ayudar a hacer el viaje un poco más fácil.

Aquí hay algo en lo que a menudo no pensamos...

Recuérdate a ti misma que esto no solo te ayudará, sino que también beneficiará a otros a largo plazo

Cuando empieces a tomarte en serio establecer una agenda que agrade a Dios y no te abrume, es posible que otros muestren resistencia. O puedes ser golpeada con un chorro de culpa o sentir que estás siendo cruel. Cuando establezcas algunos límites y promulgues algunas prácticas mejores, recuérdate que no solo estás haciendo esto para salvar tu cordura, sino que también beneficiará a otros a largo plazo. Permitir que alguien te persuada o te obligue a hacer algo no es ayudarlos. Es reforzar su comportamiento dañino. Tal vez necesitan a alguien que se enfrente a ellos, negándose a nunca más ser una presa fácil. Eso les enseñará a respetar los límites y honrar los deseos de los demás.

Por último, mientras intentas cuidar tu tiempo y tus horarios, no seas demasiado rígida. Dios puede tener otros planes, así que...

Sé sensible a los impulsos del Espíritu Santo

No lleves esta práctica demasiado lejos. A menudo, la corrección en exceso puede llevarnos a otro pozo. No queremos ser inflexibles y resistirnos a permitir que Dios interrumpa nuestra agenda y desvíe nuestra atención a algo que él ha planeado para nosotras. Sé sensible a esos momentos en que el Espíritu Santo te toca el corazón, diciéndote que cambies tus planes y alteres tu horario. La clave es asegurarte de que se trata de Dios y no de alguien presionándote, interrumpiendo tu agenda.

El alma infundida de prioridades

Tomé la antigua cesta de costura que había pertenecido a mi abuela Elsie cuando estaba con vida. Pasé por el refrigerador a fin de tomar una kombucha de piña y luego salí para sentarme en un espacio soleado en el banco al borde de nuestro sendero de ladrillo delantero. El sonido de la cascada sobre las rocas en nuestro pequeño estanque cercano era suave y relajante. Me instalé durante media hora haciendo algo que antes no existía en mi agenda, pero que ahora se incorporaba a diario. ¿Cuál era esta nueva actividad?

¡Hacer lo que me apetecía!

Ese día, estaba avanzando en un nuevo proyecto de bordado que compré: un lindo aro de bambú que lucía tres plantas suculentas sobre la tela de muselina de color crema. Mi mamá me había enseñado a bordar cuando estaba en la escuela primaria. Sin embargo, no me había embarcado en un proyecto desde la universidad, a pesar de que lo disfrutaba mucho. Nunca había sido capaz de encontrar —*quiero decir, de hacer*— el tiempo.

Algunos días pasaba mi media hora leyendo un libro que en realidad *quería* leer, no solo uno que necesitaba investigar para el trabajo. Otros días llevaba mi iPad a la cubierta trasera y buscaba nuevas recetas o ideas de decoración en Pinterest. A veces tomaba una manta cómoda, ponía un temporizador durante treinta minutos, y luego me acurrucaba en el sofá frente a nuestra chimenea y tomaba una deliciosa siesta. ¡Divino!

Ahora bien, una media hora durante un día para hacer algo que quería podría no parecer algo importante. Sin embargo, para mí fue un cambio monumental. Antes de que empezara a liberarme de la prisión de la complacencia, rara vez tenía tiempo para respirar, por no hablar de tomarme un tiempo real para mí. Debido a que me la pasaba apagando los incendios de todos los demás, diciendo que sí para ayudar con las tareas de otros, y ofreciendo mi asistencia cada vez que me enteraba de una necesidad, estaba desplazando cualquier momento que podía dedicar a saborear un poco de ocio.

¿Sabes qué porcentaje de un día es una media hora? ¡Apenas un dos por ciento! Para ser precisa, es exactamente el 2,083 % de tus veinticuatro horas. ¡Eso es todo! No obstante, de alguna manera, esta pausa del dos por ciento me permite pulsar el botón de reinicio en mi cerebro y abordar el resto de mi día con entusiasmo.

Nunca habría empezado a llevar a cabo esta práctica diaria si no hubiera aprendido sobre la importancia de vivir una vida llena de prioridades: una que me posicione mejor para el trabajo y el ministerio; una que no sobrecargue mi agenda ni me debilite el alma corriendo por ahí intentando ser todo para todos.

Todas nosotras nos relacionamos con otras personas. Cada una de nosotras tiene una lista de tareas. Debemos reconocer el inmenso privilegio que constituyen ambas cosas. Tenemos almas en nuestras vidas; almas a las que podemos amar y de las cuales aprender; almas a las que podemos servir y por las cuales ser consoladas. Y también tenemos trabajo. Para mí hoy, podría ser quitar las hierbas de mi jardín, hornear un pastel de plátano o responder un correo electrónico del ministerio. Estoy muy agradecida de tener tareas y personas significativas que son todo para mí.

Sin embargo, también me he dado cuenta de que tengo una responsabilidad cuando se trata de estas personas y estas tareas. No puedo permitir que cualquiera que quiera dirigir mi tiempo llene mi día. Cuando me propongo recibir mis órdenes del Señor, entonces puedo avanzar con confianza, estableciendo mis horarios mientras interactúo con aquellos que él ha puesto en mi vida.

De seguro no es una práctica que pueda ser cultivada de la noche a la mañana. Implica prueba y error. También ciertamente se requiere valor. No todos van a estar entusiasmados con tu nueva práctica de tratar de agradar a Dios mientras estableces tu propio horario y determinas a quién le concederás tu tiempo.

Una sabia mentora me dijo una vez que cuanto más deliberada quieras ser con tu tiempo y mientras mayor sea tu deseo de agradar a Dios con tu horario, más gente deberás estar dispuesta a decepcionar. ¡Oh, hermana, ella dio en el clavo! Sé que he decepcionado a otros; ¡otros que estaban muy acostumbrados a que les ayudara a vivir la vida, importándoles poco que fuera a costa de vivir la mía! He defraudado a los que habían llegado a esperar que aligerara persistentemente su carga para que pudieran tener algo de tiempo libre. Y en los casos más extremos, dejé de permitir que los bravucones me presionaran e intimidaran para que fijara mis horarios de acuerdo con sus deseos. Y a los bravucones no les gustó ni un ápice. Pero una cosa sé con certeza...

Esta fue, sin lugar a dudas, una de las decisiones más saludables que he tomado.

Tómate el tiempo para hacer el trabajo arduo. Sé sincera delante del Señor y permítele que te ayude a vaciar tu agenda. Haz que quede impecablemente limpia. Luego, vuelve a poner en ella solo las tareas y las personas que él te muestre.

No necesitamos sentirnos culpables. Jesús no pasó cada minuto constantemente atendiendo a otros. No se detuvo a hablar con cada alma que encontraba. Tenía un enfoque claro: conocía su misión y su ministerio; se ocupaba de interactuar con la gente —por muchos o pocos que fueran— que estuviera en la agenda de Dios para él ese día. Seamos imitadoras de Cristo; no preocupándonos tanto por decepcionar a otros, sino cuidando que nuestros pensamientos, deseos y acciones sean agradables a Dios.

Tus relaciones. Tu lista de tareas. El malabarismo es real. Afortunadamente, también lo es la ayuda que obtendrás del Señor. Él te dará poder para manejar la tensión entre ambas cosas y luego navegar tus días con confianza.

Capítulo 9

Todo se reduce a ti y Jesús

Si vives por la aceptación de la gente, morirás
por su rechazo.

—LECRAE, ARTISTA DISCOGRÁFICO

Amo a los que me aman, y los que me buscan
con diligencia me hallarán.

—PROVERBIOS 8:17 (LBLA)

El 11 de septiembre de 2001, tuvo lugar el ataque terrorista más devastador en suelo estadounidense en tres lugares diferentes: el World Trade Center en la ciudad de Nueva York, el Pentágono a las afueras de Washington D. C., y un campo en Shanksville, Pensilvania.

Aquello que se consideraba como la vida normal fue alterado temporalmente. Las actividades cesaron. La gente estaba pegada a sus televisores. Incluso el pasatiempo de Estados Unidos, el béisbol de las grandes ligas, canceló sus partidos inmediatamente después de los ataques. Cuando el juego se reanudó, la temporada estaba retrasada algunas semanas.

Luego, el 30 de octubre de ese año, el tercer partido de la Serie Mundial de 2001 se celebró en el Yankee Stadium en el Bronx. Se decidió que el presidente de turno, George W. Bush, realizaría el primer lanzamiento. Esto no sería fácil, no porque fuera un hombre de cincuenta y cinco años tratando de lanzar una pelota de béisbol a sesenta pies y seis pulgadas (18,4 metros) al otro lado del plato, sino porque estaría usando un chaleco antibalas.

Antes de realizar ese lanzamiento ceremonial, el presidente Bush recibió un pequeño consejo del capitán de los Yankees, el legendario Derek Jeter. El presidente estaba planeando lanzar la pelota desde un lugar un poco más cercano que el montículo de lanzamiento que los jugadores usaban. Sin embargo, Jeter sugirió que no. No solo insistió en que el presidente lanzara la bola la distancia completa, sino en que además Bush supiera la importancia de lograr todo el recorrido hasta el otro lado del plato. Y así, para aumentar la gravedad de la hazaña, antes de que el presidente saliera al campo Jeter lo miró y le dio al comandante en jefe un poderoso consejo: «No la haga rebotar o lo abuchearán».

El presidente —ahora reflexionando sobre la idea de que su pelota podría no llegar hasta el receptor sin tocar el suelo— trotó desde la caseta hasta el montículo. Luego, en medio de los aplausos y coros de «U-S-A, U-S-A», alcanzó la parte superior del montículo, saludó a la multitud por un momento y realizó un lanzamiento hacia el centro del plato.

Nadie, ni demócrata ni republicano, lo abucheó entonces.

«¡Bu! ¿Te asusté?»

Tememos con desesperación los abucheos de otros. No importa si ocurren mientras hacemos nuestro trabajo en nuestra profesión o cuando criamos a nuestros hijos, no queremos enfrentar los insultos ni las burlas de la multitud. Desafortunadamente, esto no se limita al momento en que en verdad fallamos en realizar algo de manera correcta. Para aquellas de nosotras que nos agrada complacer a los demás, también se aplica a ser abucheadas por alguien cuando no seguimos sus planes para nuestra vida.

Desearía haber aprendido esta lección antes. Pasé décadas trabajando duro, siendo hiperactiva, sobrepasando las expectativas, siendo servicial en exceso y agradable hasta el punto de dar nauseas para mantener lejos los abucheos.

Cuando asistía a la escuela primaria no quería nada más que complacer a mis maestros. Y a la asistente del patio. Y a la secretaria de la escuela. Y especialmente al director. Obtener su afirmación no solo me hacía sentir realizada, sino también segura.

En mi preadolescencia y adolescencia ansiaba los aplausos de mis compañeros. Quería que me eligieran para el equipo durante la clase de gimnasia. Y para el consejo estudiantil. Y si solo mi nombre pudiera estar en la boleta para el baile de fin de curso, ¿no sería extraordinario? Tomé una miríada de decisiones durante esa media década más o menos de mi vida, cada una en función de lo que le haría a mi reputación a los ojos de mis compañeros.

La adultez realmente no alteró mucho las cosas. Todavía pasaba tiempo actuando con el fin de mostrar a la «chica perfecta» y mantener los abucheos al mínimo. Tomé decisiones en mi matrimonio, mi maternidad y mi ministerio, todo porque quería que me adularan y no que me abuchearan.

Evitar que la multitud te abuchee es algo agotador. Y constante. Nos carcome el cerebro y consume nuestra alma. Cuando vivimos aterrorizadas de la reacción de la multitud, no podemos mantener nuestro enfoque en aquel cuya opinión, amor y aceptación realmente importan.

Al final de nuestras vidas, no vamos a ser calificadas por lo mucho que las multitudes nos aplaudieron y nos animaron mientras cumplíamos con sus expectativas. No. Todo se reduce a ti y Jesús. Él es el único que está sentado en las gradas. Estamos actuando para un solo espectador.

¿Quién se sale con la suya?

Cuando finalmente hemos llegado a nuestro punto de ebullición en lo que respecta a intentar con desesperación hacer felices a todos los demás, pisamos fuerte y exclamamos: «¡Estoy cansada de dejar que todos se salgan con la suya!». Debido a nuestro fracaso para defendernos a nosotras mismas —o para proteger nuestro tiempo y capacidad mental— permitimos que otros se salgan con la suya. Dejamos que nos controlen. Nos convertimos en una «mujer del sí». Servimos demasiado. Hacemos lo posible para caer bien. Una y otra vez.

Sin embargo, si somos completamente sinceras, esa no es la historia completa. Al permitir que los deseos de los demás nos hagan sentirnos realizadas, no son solo los insistentes, los que hacen pucheros, los bombarderos de la culpa y otras almas variadas los que salen triunfantes. Hay otro beneficiario de nuestro comportamiento. Oh, me atrevería a adivinar que quizás nunca hayas pensado en el asunto de esta manera antes, así que quédate conmigo. *Hay* alguien más que se sale con la suya.

Eres tú.

El viaje introspectivo en el que Dios me ha mantenido en los últimos años me ha hecho afrontar el problema. Sí, permití que otros se salieran con la suya. Sin embargo, al hacerlo, de cierta manera también me salgo con la mía. Quiero que me aprueben. Aprecien. Quieran y adoren. Y así, cuando me rindo a la complacencia, de una forma extraña y retorcida, estoy al fin y al cabo logrando mi resultado deseado. Hay un término en la Biblia que es la esencia de este tipo de comportamiento. Dos términos, para ser exacta. Y de verdad, creo que pueden sorprenderte.

Del abucheo a la reverencia

«Bueno», preguntó una de las mamás del equipo, «¿puedes hacerlo?». Me senté en mi silla de jardín en el territorio de falta cerca de la primera base, cuidando mi taza de chocolate caliente comprada en la gasolinera y tratando de formular mi respuesta. Esta mujer, que era la madre de otro jugador de béisbol en el equipo itinerante de mi hijo, acababa de realizar una larga lista de tareas que se debían llevar a cabo para la fiesta de fin de año del equipo. Para colmo, no solo me preguntó si yo encabezaría el evento, sino que además quería saber si podríamos celebrarlo en nuestra casa.

Sabía que ella había formulado su pregunta para ver si yo *podía* hacerlo, no si yo quería. Ah, yo podría hacerlo bien. Está totalmente dentro de mis capacidades organizar un evento, reunir comida y artículos de decoración, planear juegos y organizar una fiesta genial. Planeé todos los eventos sociales del campus para mi universidad, por el amor de Dios. ¡Sería pan comido! Pero la verdad era que, aunque *podía* hacerlo, no quería hacerlo.

Estaba lidiando con la trágica noticia de que mi cuñada, que también era una de mis amigas más cercanas, se enfrentaba a una recurrencia de su cáncer de mama. Nos pidieron que celebráramos una Navidad anticipada en el otoño de ese año, porque ella podría no estar presente para el 25 de diciembre. Y así, traté de visitarla tan a menudo como fuera posible, lo que significaba unas cuatro horas de viaje en cada ocasión. Además, hacía poco nos habíamos mudado a una nueva casa y todavía estábamos desempacando las cajas. Para colmo de males, estaba trabajando en un libro nuevo y necesitaba dedicarle cada momento libre que pudiera para llevárselo a mi editor dentro de la fecha límite.

Tratar de actuar en medio de esas realidades me hacía querer decir que no educadamente. No obstante, sabía lo mucho que esta mamá contaba conmigo. Además, nuestra familia era nueva en este equipo y —si soy totalmente sincera— quería mostrarles lo inteligente y capaz que era cuando se trataba de organizar una exitosa fiesta de béisbol. Así que accedí. Le dije que me sentiría feliz de estar a cargo. Entonces, ¿por qué después de contestarle no me *sentía* feliz?

Las personas complacientes están por lo general llenas de orgullo. Tal vez no lo habría admitido hace años, pero ahora sé que eso es totalmente cierto. Queremos que nos consideren competentes y capaces. Anhelamos mantener una buena imagen. Aquel día, fue mi orgullo el que no me permitió admitir que era incapaz de encargarme de la organización del encuentro de fin de año sin estresarme demasiado e infringir mi tiempo familiar. Así que acepté el desafío y planeé una fiesta fabulosa. Todo el mundo alabó la comida con la temática del estadio y los juegos ingeniosos. Estaban contentos, y yo, aunque agotada, había alcanzado mi meta de verme bien a los ojos de los demás, ganándome su aprobación. Mi disposición a estar a cargo no me ocasionó abucheos. En cambio, fui capaz de hacer una reverencia. Y, como suele suceder, el orgullo hizo que me adularan, pero afectó negativamente mi caminar con Jesús.

Si queremos desarticular los patrones de la complacencia en nuestras vidas, debemos examinar sinceramente nuestros corazones para ver si tenemos un problema con el orgullo. Me gusta considerarlo como un problema con el «yo». «Yo» pienso solo acerca de cómo «yo» me veré ante los demás cuando me piden que «yo» esté a cargo, ayude, realice una tarea, asuma una responsabilidad... lo que sea. Cuando «yo» digo que sí, «yo» mantengo mi imagen estelar para que «yo» continúe siendo adulada. Todo se trata del «yo».

El tema del orgullo está esparcido en varios versículos a través de la Biblia. No es un tema que debamos pasar por alto a la ligera, pensando que los versículos no se aplican a nuestras vidas. Es fácil leer la Biblia y luego aplicarla a alguien más que conocemos. Sin embargo, cuando lo hacemos, estamos leyendo mal las Escrituras. En cambio, necesitamos preguntarnos si vemos nuestro propio comportamiento reflejado en sus páginas.

Ahora bien, no estoy hablando del orgullo en el sentido de cuando te sientes satisfecha por un logro. Ni el orgullo que sientes por uno de tus hijos o tu cónyuge o tu despensa recién organizada, completa con tus especias en orden alfabético. Estoy definiendo el orgullo como lo hace la Biblia.

En el Antiguo Testamento, la palabra hebrea para el sustantivo *orgullo* es *ga'own*. Esta proviene de la raíz *geeh*, un adjetivo que significa «orgulloso». Ambos términos se refieren a ser «arrogante, altanero y soberbio». Alguien que es orgulloso es exactamente así; ¡está lleno de orgullo!

Dales vuelta a las páginas, toca o desplázate a lo largo del libro de Proverbios y notarás que el tema del orgullo se aborda varias veces.

En Proverbios 11:2 dice: «Con el orgullo viene el oprobio; con la humildad, la sabiduría». Cuando elegimos ser orgullosas, el oprobio no está muy lejos. La palabra hebrea para *oprobio* significa «reproche, deshonra y vergüenza». Resulta interesante que cuando nos inflamos de orgullo, pensamos que nos estamos elevando a los ojos de los demás. Sin embargo, el resultado es exactamente lo contrario. Cosecharemos reproche, deshonra y vergüenza.

Nota que este versículo también afirma que con la humildad viene la sabiduría. *Chokmah* es la palabra hebrea para *sabiduría*. La misma significa «habilidad en la guerra o el trabajo técnico». También significa «prudencia en asuntos religiosos y éticos». Cuando luchamos contra el orgullo, damos paso a la sabiduría, y esta nos ayuda a vivir una vida digna y justa ante Dios.

El libro de Proverbios muestra algo más que a menudo va de la mano con el orgullo. Mira a ver si puedes detectarlo en la lectura de estos dos versículos siguientes.

> Al orgullo le sigue la destrucción;
> a la altanería, el fracaso. (Proverbios 16:18)

> Al fracaso lo precede la soberbia humana;
> a los honores los precede la humildad. (Proverbios 18:12)

¡Qué ominosa predicción! Cuando albergamos orgullo o soberbia en nuestros corazones, nos espera el fracaso. Y no solo uno pequeño, sino uno que conduce a la destrucción.

Hace poco, la presidenta de nuestro ministerio estaba hablando de este mismo concepto en nuestra reunión de personal semanal. Mientras compartía un devocional, habló del orgullo, haciendo hincapié en dos palabras: *humillado* y *humilde*. Me encantó la descripción que dio al explicar la diferencia entre estos dos estados del ser humano.

La persona humilde dobla sus propias rodillas para vivir con humildad. No piensa en sí misma más de lo que debería, porque tiene una evaluación precisa de quién es. Sin embargo, el que es humillado se tambalea por los resultados del orgullo. No obstante, no se rebaja por sí mismo a esa posición de humildad. En cambio, su orgullo lo hace tropezar y caer.

El orgullo nos causa tropiezo.

Asimismo, es importante notar qué es lo que Dios piensa de la persona orgullosa. Este tema se aborda tanto en el Antiguo como en el Nuevo Testamento.

> Quien teme al Señor aborrece lo malo;
>> yo aborrezco el orgullo y la arrogancia,
>>> la mala conducta y el lenguaje perverso. (Proverbios 8:13)

> Un día vendrá el Señor Todopoderoso
>> contra todos los orgullosos y arrogantes,
>> contra todos los altaneros, para humillarlos. (Isaías 2:12)

Así mismo, jóvenes, sométanse a los ancianos. Revístanse todos de humildad en su trato mutuo, porque «Dios se opone a los orgullosos, pero da gracia a los humildes». (1 Pedro 5:5)

Dios aborrece el orgullo y la arrogancia. Esos son unos sentimientos muy poderosos. Él tiene un plan para los orgullosos y los arrogantes, y no es uno bonito. Ellos serán humillados. Y se opone a los orgullosos. Están en equipos contrarios, por así decirlo. Sin embargo, muestra su favor a los humildes.

Estoy segura de que todas preferiríamos no tropezar y caer antes de que aprendamos a mirar al Señor con humildad. La humillación es un lugar más sabio para empezar.

Santiago 4:10 hace eco de esto: «Humíllense delante del Señor, y él los exaltará». También encontramos esta noción en Proverbios 29:23: «El altivo será humillado, pero el humilde será enaltecido».

Al hacer mi propio estudio de palabras sobre el tema del orgullo, revisé algunas referencias cruzadas que señalaban versículos que podrían no contener la palabra *orgullo* en ellos, pero que estaban relacionados de todas formas. Me encanta la imagen que se ilustra en Salmos 3:3, que dice:

> Pero tú, oh SEÑOR, eres escudo alrededor de mí;
> eres mi gloria y el que levanta mi cabeza. (RVA2015)

Cuando somos orgullosas, no nos inclinamos ante nadie excepto nosotras mismas. Estamos de pie, sin ninguna postura de humildad. No obstante, el salmista dice que el Señor levanta nuestra cabeza. Una amiga cercana hizo una vez un descubrimiento muy sorprendente cuando ella misma estaba en un lugar de orgullo. Mientras pasaba tiempo leyendo la Biblia una mañana, se encontró con este versículo. Sus ojos leyeron las palabras sobre el Señor levantando nuestra cabeza. Fue entonces cuando esto la golpeó como una tonelada de ladrillos. Sintió como si Dios le susurrara a su corazón. *Dulce niña, no puedo levantar una cabeza que no está inclinada.*

¡Vaya! ¡Lo sé! Tómate un minuto para poder asimilarlo. Estaré aquí esperando.

¿Has vuelto? Bien. Yo también. Bueno, la elección es nuestra: humillarnos —inclinar nuestra cabeza y nuestro corazón— o ser demasiado orgullosas para sincerarnos con las personas a fin de que podamos mantener nuestra reputación. Cuando elegimos esto último, nos espera un tropezón y una caída.

El orgullo nos persuadirá a exagerar nuestro carácter con el fin de ganar amigos. Nos tentará a minimizar nuestros defectos. Nos convencerá de hacer lo que sea necesario para mantener una imagen sólida ante los demás, acumulando las reverencias y evitando los abucheos. Este tipo de orgullo desmedido está vinculado con otro término en las Escrituras: *la idolatría*.

¡Aguarda! Sí, leíste bien. Pero por favor, no me etiquetes de hereje todavía. Déjame desarrollar mi argumento para esa audaz declaración.

¿Qué es la idolatría?

La mayoría de nosotras nunca hemos concebido la noción de que podríamos tener un problema con la idolatría. ¡Por favor! ¿La idolatría no es comportarse como los antiguos israelitas cuando fundieron todas sus joyas y artilugios para formar un becerro de oro, y luego se inclinaron y lo adoraron? O tal vez como ciertas religiones hoy, que erigen estatuas y construyen altares y luego rinden culto delante de ellos, con la esperanza de que los dioses los traten con favor. Debido a que dudo que muchas de nosotras tengamos una estatuilla bovina de metal precioso para adornar nuestra sala de estar, ¿no son irrelevantes las Escrituras que nos advierten acerca de la idolatría?

Por lo menos treinta veces en el Nuevo Testamento vemos que se menciona el tema de la idolatría. La iglesia primitiva fue advertida contra la adulación de los ídolos, y nosotros los creyentes contemporáneos todavía debemos escuchar esa advertencia. Sin embargo, ¿qué es un ídolo? ¿Tiene que ser hecho por manos humanas, construido de oro, bronce o plata?

La palabra griega que fue usada para nuestro término ídolo es la palabra *eidolon*. Una definición sencilla es «una imagen, ya sea real o imaginaria». Por consiguiente, la idolatría es la adoración de una imagen, ya sea creada por los hombres o imaginaria. Esta se convierte en algo que es exaltado; toma el lugar de Dios.

Está bien. A estas alturas estás sacudiendo la cabeza y especulando: ¿pero cómo rayos *la complacencia es como la idolatría*? Debido a esta progresión: la complacencia a menudo se basa en el orgullo. Nuestro orgullo nos hace comportarnos de ciertas maneras para mantener nuestra reputación de ser capaces, competentes o compasivas. Y así, de hecho, estamos adorando una imagen: ¡la nuestra! Adoramos la imagen que tratamos con desesperación de mantener. Y tristemente, a menudo nos esforzamos por perpetuar esta imagen hasta el punto en que se vuelve más importante que nuestra relación con Dios.

El evangelista y editor del siglo diecinueve Dwight L. Moody observó: «Hoy no tienes que ir a tierras paganas para encontrar falsos dioses. Norteamérica está llena de ellos. Todo lo que amas más que a Dios es tu ídolo».[1]

Cuando elevamos las opiniones y expectativas de los demás por encima de todo, los ponemos en el lugar de Dios. Cuando buscamos mantener cierta imagen a toda costa, exaltamos nuestra propia reputación por encima de nuestra relación con Cristo. Ambas acciones quitan a Dios del primer lugar en nuestras vidas, cambiándolo por alguien menor. Y lo peor de todo, ambas acciones disminuyen nuestro amor por Dios. Todo lo que amamos más que a Dios es nuestro ídolo.

Salmos 106:36 nos advierte de tal idolatría: «Rindieron culto a sus ídolos, y se les volvieron una trampa». ¡Ahí aparece esa palabra trampa otra vez! ¿Recuerdas el término *moqesh* en hebreo? Tropezamos y quedamos atrapadas cuando colocamos algo por encima de Dios, incluso nuestra propia imagen. Sin embargo, asegurarse de que Dios tiene el primer lugar en nuestros pensamientos y está dirigiendo nuestras acciones puede ser un desafío.

Después de todo, hemos caído durante mucho tiempo en el patrón de la complacencia. Las cosas no van a cambiar de la noche a la mañana. Sin embargo, tal vez estés en el punto en el que yo me encontraba hace unos años: demasiado harta de ser atrapada por este patrón perjudicial. Permite que el Señor sea tu confianza y te guíe con amor fuera de la tierra de la complacencia. El rey Salomón nos dice cómo puede suceder esto, usando otra vez una palabra con la que ya estamos bien familiarizadas.

> No temerás el pavor repentino,
> Ni el ataque de los impíos cuando venga,
> Porque el *SEÑOR* será tu confianza,
> *Y guardará tu pie de ser apresado.* (Proverbios 3:25-26,
> NBLA, énfasis añadido)

Necesitamos dejar nuestro orgullo en la puerta y no permitir que nos lleve al extremo de la idolatría: la atadura espiritual. El Señor mismo puede ser nuestra confianza, empoderándonos para que nos preocupemos más por su opinión que por la de los demás.

El factor enfoque

A lo largo de los años, he tenido una serie de empleos. Fui lavaplatos y camarera en el restaurante de mi padre cuando estaba en mis últimos años de la escuela secundaria. Trabajé como empleada doméstica ocasional, fui niñera a tiempo completo y reportera deportiva a tiempo parcial para una estación de radio local, todo eso antes de los veinte años. En la universidad, fui asistente de piso de mi residencia estudiantil y planificaba las actividades de la vida social para todo el campus. Hoy, me dedico a escribir libros y estudios bíblicos, y a hablar en eventos de la iglesia y la comunidad. No obstante, si quieres saber cuál de mis trabajos resultó mi favorito, fueron los cinco años que colaboré como maestra sustituta en nuestro distrito escolar local.

Sí. Me encantaba ser maestra sustituta, e incluso solicité que me pusieran en la escuela secundaria, la institución donde la mayoría de los sustitutos temían ir. Sin embargo, no había lanzamientos de escupitajos, ni carteles de «Patéame», ni otras bromas pesadas bajo mi supervisión. Amaba a los niños y los niños me amaban. Probablemente, ayudaba que mi esposo fuera un pastor de jóvenes que visitaba la escuela durante la hora del almuerzo algunas veces a la semana. Él había establecido una buena relación con los estudiantes y, como un beneficio colateral, no tuve ni una pizca de problemas por parte de ellos.

No fueron solo los niños los que me hicieron amar este trabajo. Me encanta ser espontánea y combinar las cosas para no aburrirme. No importaba si se trataba de la carpintería o la orquesta, de clases de gimnasia o cerámica, cada día era diferente. Ni siquiera me importaba cuando llegaba a la clase y no quedaban tareas pendientes porque la maestra se había enfermado repentinamente esa mañana. Yo solo improvisaba.

Uno de los juegos que recuerdo jugar con los niños involucraba a un estudiante con los ojos vendados posicionado en un lado de la sala, y yo, la maestra, parada en el otro. Entonces seleccionaba a ocho o más estudiantes para que se colocaran de manera aleatoria en el aula entre el estudiante elegido y yo. El objetivo era que el alumno con los ojos vendados pudiera llegar hasta donde estaba parada mediante las direcciones que le daba con mi voz. El único problema era que todos los demás estudiantes eran libres de hablar, reír y gritar; podían hacer cualquier cosa que quisieran para tratar de distraer al que tenía los ojos vendados. Yo, por otra parte, solo era capaz de hablar en un volumen normal.

A menudo nos moríamos de la risa. El estudiante con los ojos vendados se confundía mucho al tratar de discernir mi voz por encima de la de los otros compañeros de clase. Algunos estudiantes entendidos incluso hacían todo lo posible para imitar mi voz, desconcertando por completo al que estaba tratando de encontrar su camino.

Aunque usaba este juego en el aula como ilustración para dialogar sobre tomar decisiones sabias en medio de todas las voces que querían captar la atención de los estudiantes, creo que se aplica muy bien al tema que hemos estado tratando durante los últimos ocho capítulos y medio. Necesitamos inclinarnos y escuchar con discernimiento, oír la voz de Dios por encima de todas las otras voces humanas y los ruidos del mundo, los cuales claman por nuestra atención y buscan llenar nuestras agendas. Cuando nos volvemos más consistentes a la hora de hacer esto, podemos aprender a caminar con confianza y seguridad, siendo dueñas de nuestras elecciones y decidiendo por nosotras mismas dónde y cómo vamos a aprovechar nuestro tiempo. Cuando escuchamos —y seguimos— al Señor, la confusión disminuye y la confianza aumenta.

Me fortalece pensar en algunas de las personas en los tiempos bíblicos que siguieron a Dios a pesar de las opiniones y expectativas de los demás.

- Noé se mantuvo firme y avanzó en su misión, aunque todos los demás pensaban que estaba loco por construir un arca cuando ni siquiera había una nube de lluvia a la vista.
- José no cedió ante los deseos de la señora Potifar —¡quizás la primera ama de casa desesperada!— pero colocó su anhelo de seguir a Dios por encima de su deseo de complacerla, a pesar de que esto habría sido bueno para su carrera y le hubiese evitado ser arrojado a la cárcel por sus falsas acusaciones.
- Job —aunque estaba rodeado de las voces de familiares y amigos que le decían lo que debía creer acerca de su sufrimiento emocional y físico— se centró en la voz de Dios y confió en él por encima de todo.
- Josué tuvo el valor de obedecer los mandamientos de Dios, sin importar cuán extravagantes les hubieran parecido a otros. Al hacerlo, fue capaz de conducir la marcha para tomar la antigua ciudad de Jericó.

- Jocabed, la madre de Aarón, Miriam y Moisés, llegó muy lejos para obedecer a Dios a pesar de los mandamientos del faraón. Colocó a su hijo en una canasta y lo dejó flotando en el Nilo. Esto no solo le salvó la vida, sino que más tarde su hijo, para entonces adulto, ayudaría a su pueblo a salir de la esclavitud en Egipto.

- La mujer que padecía de hemorragias en el Nuevo Testamento extendió la mano para tocar el borde del manto de Jesús, a pesar de lo que las multitudes clamorosas pensaban de ella.

- En los tiempos modernos, una dulce anciana que conocí como Ma Schafer falleció recientemente. Como parte de su elogio, su nieto recordó su fe sin pretensiones, pero poderosa. «La abuela Gerry leía su Biblia cada mañana y luego la cerraba, salía y simplemente hacía lo que esta decía». Me senté allí pensando cómo, en cambio, a menudo miro alrededor... ¡y luego hago lo que otros piensan que debería hacer!

En todos estos casos, las personas se propusieron escuchar a Dios en lugar de a los hombres. Como alguien que ha luchado durante décadas con el asunto de ser controlada por las opiniones y las expectativas de los demás, también sé que es posible. Aprendemos a hacerlo cuando determinamos interrumpir nuestro cántico de *no puedo*.

No puedo decirles la verdad por miedo a decepcionarlos.

No puedo negarme a su petición porque cuentan conmigo.

No puedo defenderme sola, así que supongo que lo aceptaré.

No puedo proteger mi tiempo, incluso cuando sé que suplir sus necesidades me va a estresar.

¿Decidirás hoy comenzar a conquistar tu *no puedo*? Dios te proporcionará la fuerza en la medida en que corras a él en lugar de inclinarte ante los demás. Por supuesto, puede ser estresante para ti defenderte. Sin embargo, de cualquier manera vas a padecer estrés. Lo experimentarás a raíz de ser sincera y honesta, arriesgándote a decepcionar, ofender o incluso hacer enojar a alguien más. O enfrentarás el estrés de cumplir los deseos de otros, porque decidiste complacerlos en lugar de llevar a cabo lo que sientes que Dios te está llamando a hacer.

Un primer ejemplo de alguien que aprendió a conquistar su *no puedo* es el apóstol Pedro. En el relato del Nuevo Testamento, lo vemos siguiendo a Jesús desde lejos, temeroso de lo que otros pensaran (Mateo 26:58; Marcos 14:54). Él capituló y mintió, y la noche en que Jesús fue traicionado, afirmó que ni siquiera conocía al Señor (Marcos 14:70; Juan 18:25). Sin embargo, después de la muerte, resurrección y ascensión de Jesús al cielo, Pedro se envalentonó. Defendió el evangelio. Colocó su deseo de agradar a Dios por encima de agradar a otros (Hechos 4:12-14). La tradición de la iglesia incluso dice que cuando murió en Roma, pidió ser crucificado en una cruz invertida, no creyéndose digno de morir de la misma manera que Jesús.

Si el Señor puede llevar a Pedro de un lugar de extrema complacencia a vivir tan audazmente para Dios, él puede hacer lo mismo por nosotras.

Perfeccionar el arte del pivote

Mis años como reportera deportiva —y también como madre de dos jugadores de baloncesto— me enseñaron qué significa el término pivote cuando haces un tiro al aro. Esto tiene lugar cuando un jugador planta un pie firme en el suelo —referido apropiadamente como pie de pivote— y luego mueve libremente su otro pie con el fin de reposicionarse a sí mismo para pasar el balón o hacer un tiro. Cuando se trata de complacer a otras personas, tenemos que aprender a perfeccionar el arte del pivote.

Una parte de nuestro deseo de agradar a los demás es noble y loable. Incluso es bíblico. Cuando tenemos corazones que aman servir a otros, estamos reflejando el corazón de Cristo. No obstante, sin vallas de contención, nuestro deseo de complacer puede salirse de control.

Cuando luchamos contra el orgullo y la idolatría y apropiadamente colocamos a Dios en el asiento del conductor, podemos aprender a experimentar una vida de servicio que refleje el evangelio a un mundo observador. A medida que nuestro caminar con Cristo se profundiza y fortalece, temeremos cada vez menos lo que otras personas piensen de nosotras o de nuestras decisiones. Nos preocuparemos más no solo por lo que Dios piensa de nosotras, sino por cómo desea que ocupemos nuestros días. Todavía podemos ser usadas para animar y ayudar a otros. Solo asegurémonos de que sea Dios quien nos use (connotación positiva de «usar») en lugar de que nos usen las personas (connotación negativa de «usar»).

Trato de no pensar demasiado en todas las decisiones equivocadas que he tomado en el pasado, elecciones directamente relacionadas con permitir que las opiniones y expectativas de los demás gobiernen mi vida. Sin embargo, a veces medito en ellas teniendo en cuenta este simple punto: cuánto tiempo he perdido.

Estaba tan ocupada corriendo y saltando en los aros de todos los demás que no tenía tiempo para detenerme y consultar a Dios por medio de la oración, la meditación y el estudio de su Palabra, averiguando lo que pensaba acerca de las diversas circunstancias y oportunidades que enfrentaba.

Estaba tan preocupada por la opinión de todos los demás sobre mí que de inmediato decía que sí, dedicando así preciosas horas de mi tiempo cada semana a satisfacer las necesidades de alguien más sin determinar primero si eso era algo que Dios quería que hiciera.

Estaba afanada realizando tareas y dirigiendo proyectos que complacerían a los miembros de la iglesia, a otras mamás de los deportes, o incluso a compañeros de trabajo, a menudo en detrimento de mi propia familia, que solo anhelaba un poco de tiempo con una madre que no estuviera tan agotada ni frenética.

El padre fundador estadounidense Benjamin Franklin era famoso por el adagio: «El tiempo perdido nunca se vuelve a recuperar». Es cierto. No puedo volver atrás y reclamar esos minutos, horas e incluso días que pasé perdiendo el tiempo para complacer a alguien más. Tú tampoco puedes hacerlo. Sin embargo, ambas podemos decidir que a partir de este día no vamos a dejar que otros sean nuestros jefes por medio de su comportamiento. En cambio, haremos de nuestra tendencia a ser complacientes un asunto serio de oración, pidiéndole a Dios que nos guíe cada día y nos ayude a discernir qué peticiones de otros debemos aceptar y cuáles no.

El autor J. R. R. Tolkien se hizo eco de Ben Franklin cuando puso estas palabras en la boca de su personaje Gandalf en *El señor de los anillos*: «Lo único que podemos decidir es qué hacer con el tiempo que se nos ha dado». No obstante, antes de escuchar a Ben o a J. R. R. pronunciarse sobre cómo pasamos nuestro tiempo, tuve la ayuda de mi amiga Debi. A menudo, tomo decisiones importantes haciéndome una pregunta que una vez la escuché decir que es una prueba de fuego para ella.

Cuando se enfrenta a la elección entre dos actividades, ella considera: «Mirando en retrospectiva desde la tumba, ¿cuál voy a estar más agradecida de haber elegido?». Este marco mental realmente me ha ayudado a traer claridad a mi proceso de toma de decisiones.

¿Estaré más agradecida unos años más tarde de haber elegido pasar tiempo con mis padres ancianos, de salir a almorzar con ellos una tarde, o de haberme inscrito por tercera vez ese año para ayudar con la recaudación de fondos de la clase de mi hijo?

¿Estaré agradecida de ayudar a mi sensible hija adolescente a navegar las relaciones difíciles de la escuela media, o de asistir a la última fiesta de productos de una amiga para hacer algunas compras y ayudarla a ganar premios más grandes como anfitriona?

¿Elegiré lo eterno sobre lo temporal? ¿Lo esencial sobre lo innecesario? Estas elecciones nos llegan casi a diario, a veces a una velocidad vertiginosa. Mientras más intencionales seamos para reducir la velocidad y no responder antes de haber orado, así como para reflexionar en lo que vamos a pensar acerca de estas decisiones en unos años, mejor equipadas estaremos para tomarlas.

Hace solo unos años, el actor y antiguo galán adolescente David Cassidy —el de la familia Partridge que cantaba «I think I love you!» [¡Creo que te amo!]— falleció de una insuficiencia orgánica a la edad de sesenta y siete años. Como se ha vuelto una costumbre en nuestra cultura actual, su hija, Katie, utilizó las redes sociales para hablar de la muerte de su padre y agradecerles a aquellos que habían ofrecido sus condolencias y apoyo. Ella escribió en un tuit:

> No hay palabras para expresar el consuelo que nuestra familia ha recibido a través de todo el amor y el apoyo durante este tiempo difícil. Las últimas palabras de mi padre fueron: «Tanto tiempo perdido». Este será un recordatorio diario para compartir mi gratitud con los que amo a fin de nunca perder otro minuto... gracias.

Tanto tiempo perdido.

No tenemos idea de a qué se refería el señor Cassidy. Sin embargo, el sentimiento desconcertante de un hombre mirando en retrospectiva desde la tumba debería ser suficiente para alarmarnos y tomar decisiones hoy de las que no nos vamos a arrepentir en algunos años a partir de ahora.

¿Estás lista para hacer algunos cambios transformadores en tu vida, pivotando de una manera que agrade a Dios y ame a las personas sin dejar que otros dirijan tu vida?

¿Harás una pausa antes de responder, llevando las peticiones de otros delante del Señor, buscando saber cuál es *su* voluntad antes de comprometerte con algo que podría no ser su mejor plan para ti?

¿Te atreverás a hablar en lugar de ceder cuando sabes que estás a punto de aceptar algo que indudablemente no deberías?

¿Serás sincera acerca de lo que la complacencia te está haciendo, tanto sobre el comportamiento que produce como el que impide?

¿Procurarás ser una persona honesta e íntegra, que dice la verdad con tacto y amabilidad en lugar de ser una que la oculta —aunque ligeramente— solo para complacer a alguien más?

¿Aprenderás a articular el tan a menudo difícil de pronunciar no en lugar de decir constantemente sí para mantener tu imagen competente, capaz o solidaria ante los demás?

¿Estás lista para vivir una vida auténtica, una que le muestre el evangelio a un mundo espectador en lugar de una que busque ser la salvadora de cualquier persona a tu alcance?

¿Determinarás *ahora mismo* que dejarás de volverte completamente miserable intentando de continuo hacer felices a los demás?

¿Te atreverás a dejar de colocar a las personas en el lugar de Dios? Solo deberíamos esforzarnos por agradarle a él.

Él te dará la confianza.

Él te permitirá conquistar tu *no puedo*.

Él te ayudará a experimentar una vida que le agrade y esté en armonía con los demás, enseñándoles tanto a ti como a ellos lecciones importantes a lo largo del camino.

Él está dispuesto a ayudarte a cambiar. ¿Estás dispuesta a cooperar?

Tú y yo podemos decidir vivir con confianza una vida sin remordimientos *comenzando ahora mismo*. ¿Me permites el inmenso privilegio de orar por ti?

Padre, encomiendo a ti a mi hermana estresada; la que ahora tiene este libro en sus manos. Ayúdala a ver su valor inconmensurable para ti. Enséñale que no es la única responsable de los sentimientos de los demás, sino que

es responsable ante ti por sus acciones. Concédele auda-
cia cuando la necesite; palabras amables, pero directas,
cuando sean necesarias. Que pueda aprender a manejar
la tensión entre complacerte a ti y relacionarse con otros.
Ayúdala a tomar decisiones que no lamentará algún día
cuando mire en retrospectiva desde la tumba. Gracias por
el ejemplo más maravilloso que tenemos en tu Hijo, Jesús.
Aquel que te consultaba de continuo mientras trataba
con las personas y se ocupaba de las tareas. Que poda-
mos buscar ser más como él tanto en nuestra devoción
a ti como en nuestras interacciones con los demás. En el
nombre precioso de Jesús, amén.

Reconocimientos

A mi agente, Meredith Brock, por sus incansables esfuerzos, ideas creativas y la disposición a hablar mientras estás afuera compartiendo el vehículo y yo en casa doblando ropa.

A Carolyn McCready y todo mi equipo de Zondervan, por su compromiso con la excelencia y su aliento hacia mí y mi ministerio.

A mi familia de Proverbs 31 Ministries, especialmente a la presidenta Lysa TerKeurst, a la directora ejecutiva de comunicaciones Glynnis Whitwer y a la directora ejecutiva de capacitación ministerial Lisa Allen. Me encanta trabajar en el ministerio con ustedes.

A mi comunidad en línea en las redes sociales y a través de mi blog. ¡Conectarme con ustedes es una bendición y una maravilla! Gracias por su apoyo, aliento e ideas.

A mi equipo de oración compuesto por noventa y tres mujeres fabulosas, por ponerse de rodillas a mi favor. No podría —y no querría— hacer esto sin ustedes.

A mis extraordinarios asistentes, Kim Stewart y Dana Herndon, por su apoyo sincero, habilidades magníficas y ¡tiempos de respuesta rápidos!

A mis amigos Nicki Koziarz, Ruth Schwenk y Courtney Joseph, por estar siempre a un mensaje Voxer de distancia.

A mi madre, Margaret Patterson, que falleció inesperadamente cuando estaba terminando este libro, por amar a Dios, a mí y a toda nuestra familia tan bien.

A mi familia, mi esposo Todd y mis hijos Kenna, Jason, Mitchell, Macey y Spencer, tres de los cuales son biológicos y dos por matrimonio, pero me olvido de cuáles son cuáles. Me encanta vivir la vida con ustedes y reírme de nuestros locos chats familiares. A Jesús, por tomar mi lugar en la cruz y ofrecerme un hogar para siempre en el cielo. Indescriptible.

Recursos

Para tratar con un narcisista

Si estás en una relación con una persona verdaderamente narcisista, te sugiero que busques consejería cristiana en tu área. Para ello puedes visitar ccn.thedirectorywidget.com. Además, un recurso útil es *Understanding and Loving a Person with Narcissistic Personality Disorder: Biblical and Practical Wisdom to Build Empathy, Preserve Boundaries, and Show Compassion* (The Arterburn Wellness Series) de Steve Arterburn, David C. Cook Publisher, 2018.

Recursos relacionados con el tipo de personalidad

Descubrir y explorar nuestras combinaciones de personalidades únicas puede ser clave para comprender algunas razones más profundas de la complacencia. Comienza con cualquiera de estos libros prácticos para aprender más sobre tu temperamento distintivo:

Tu personalidad original: El plan detallado de la personalidad de Marita Littauer y Florence Littauer, Editorial Unilit, 2009.

El eneagrama sagrado: Encuentra tu camino único *al crecimiento espiritual* de Christopher L. Heuertz, Editorial Vida, 2020.

El camino de regreso a ti: Un eneagrama hacia tu verdadero yo de Ian Morgan Cron y Suzanne Stabile, Editorial Origen, 2019.

El camino que nos une: La sabiduría del eneagrama en las relaciones de Suzanne Stabile, Editorial Origen, 2020.

Los dones diferentes: Cómo comprender tu tipo de personalidad de Isabel Briggs Myers y Peter B. Myers, Ediciones Obelisco S. L., 2020.

Siete declaraciones para personas complacientes a fin de decir «¡Basta!»

Aquí tienes algunas frases para reflexionar, incluso para que te comprometas a memorizarlas si lo deseas. Estas te ayudarán a realinear tu pensamiento cuando comiences a vagar por el camino de la complacencia. Están listas para que las fotocopies, recortes y coloques donde puedas verlas con frecuencia, como el fregadero de la cocina, el espejo del baño o el tablero de tu vehículo.

Cada *necesidad* no es inevitablemente tu *llamado*.

No asumas más que aquello por lo que puedas *orar*.

La *felicidad* de los demás no es tu tarea.

No necesitas el *permiso* de otros para hacer la voluntad de Dios.

Deja de *hacer* que los sentimientos de otros sean *tu* responsabilidad.

No les debes a los demás una *excusa* de por qué dijiste que no, pero le deberás a *Dios* una explicación de por qué dijiste que sí.

Podemos decirle que *sí* a una amistad aunque le digamos *no* a una amiga.

Verdaderas perlas
para memorizar

Para tu comodidad, aquí están de nuevo los versículos del capítulo cuatro sobre ser sincera. Han sido especialmente diseñados para fotocopiarlos o recortarlos con el fin de que los guardes en un lugar prominente, como el tablero de tu auto, el fregadero de la cocina, el espejo del baño o incluso en un sobre en tu bolso.

«Dejen de mentirse unos a otros, ahora que se han quitado el ropaje de la vieja naturaleza con sus vicios, y se han puesto el de la nueva naturaleza, que se va renovando en conocimiento a imagen de su creador»* (**COLOSENSES 3:9-10**).

«Por lo tanto, dejando la mentira, hable cada uno a su prójimo con la verdad, porque todos somos miembros de un mismo cuerpo»* (**EFESIOS 4:25**).

«¿Quién, Señor, puede habitar en tu santuario? ¿Quién puede vivir en tu santo monte? Solo el de conducta intachable, que practica la justicia y de corazón dice la verdad» (SALMOS 15:1-2).

«Más bien, al vivir la verdad con amor, creceremos hasta ser en todo como aquel que es la cabeza, es decir, Cristo» (EFESIOS 4:15).

«El Señor aborrece a los de labios mentirosos, pero se complace en los que actúan con lealtad» (PROVERBIOS 12:22).

«Yo sé, mi Dios, que tú pruebas los corazones y amas la rectitud» (1 CRÓNICAS 29:17).

«Las palabras veraces soportan la prueba del tiempo, pero las mentiras pronto se descubren» (PROVERBIOS 12:19, NTV).

«Estas son las cosas que deben hacer: díganse la verdad unos a otros, juzguen con verdad y con juicio de paz en sus puertas» (ZACARÍAS 8:16, RVA2015).

«El que quiera amar la vida y gozar de días felices, que refrene su lengua de hablar el mal y sus labios de proferir engaños; que se aparte del mal y haga el bien; que busque la paz y la siga. Los ojos del SEÑOR están sobre los justos, y sus oídos, atentos a sus oraciones» (SALMOS 34:12-15).

Hay seis cosas que el SEÑOR aborrece, y siete que le son detestables: los ojos que se enaltecen, la lengua que miente, las manos que derraman sangre inocente, el corazón que hace planes perversos, los pies que corren a hacer lo malo, el falso testigo que esparce mentiras, y el que siembra discordia entre hermanos»

(PROVERBIOS 6:16-19).

Acerca de la autora

Karen Ehman es autora de éxitos de ventas según el *New York Times*, conferencista de Proverbs 31 Ministries y escritora de *Encouragement For Today*, un devocional en línea que alcanza a más de cuatro millones de usuarios a diario. Karen ha escrito diecisiete libros y estudios bíblicos y es escritora colaboradora para la aplicación del estudio bíblico First 5. Karen ha aparecido en numerosos medios de comunicación como *TODAY Show Parents*, FoxNews.com, Redbook.com, Crosswalk.com y *HomeLife Magazine*. Su pasión es ayudar a las mujeres a vivir conforme a sus prioridades mientras reflejan el evangelio a un mundo observador. Casada con su novio de la universidad, Todd, madre de tres hijos y suegra de dos, disfruta coleccionando utensilios de cocina antiguos Pyrex, alentando a los Tigres de Detroit y alimentando a todos los que se reúnen alrededor de su mesa de comedor de mediados de siglo para probar la comida de Mama Karen. Conéctate con ella a través de karenehman.com.

Proverbs 31
MINISTRIES

Conoce la verdad. Vive la verdad. Esto lo cambia todo.

Si fuiste inspirada por el libro *Cuando hacer felices a otros te hace sentir miserable* de Karen Ehman, y deseas profundizar tu propia relación personal con Jesucristo, Proverbs 31 Ministries tiene justo lo que estás buscando.

Proverbs 31 Ministries existe para ser un amigo de confianza que te tomará de la mano y caminará a tu lado, guiándote un paso más cerca del corazón de Dios por medio de:

- Devocionales diarios gratuitos en línea
- Aplicación del estudio bíblico First 5
- Estudios bíblicos en línea
- Pódcast
- Capacitación para escritores COMPEL
- Conferencia She Speaks
- Libros y recursos

Nuestro deseo es ayudarte a conocer la verdad y vivir la verdad. Porque cuando lo haces, lo cambia todo.

Para obtener más información sobre Proverbs 31 Ministries, visita: www.Proverbs31.org.

Notas

Capítulo 1: La prisión de la complacencia

1. NOTA IMPORTANTE: Este libro se escribió teniendo en mente a la persona promedio que lidia con los sentimientos y presiones normales para agradar a los demás. Si estás atravesando por cuestiones más graves tales como el abuso verbal o la violencia física, ¡pide ayuda! Acércate a tu pastor, si tienes uno. O puedes buscar un consejero cristiano en tu área al visitar el sitio web ccn.thedirectorywidget.com. O si eres víctima de violencia doméstica o estás siendo abusada, *por favor*, deja de hacer lo que estás haciendo y comunícate con la Línea Nacional de Violencia Doméstica al 1-800-799-7233 o visita http://www.thehotline.org/.

Capítulo 2: ¿De qué (o en realidad de quién) tenemos miedo?

1. https://www.merriam-webster.com/dictionary/addiction.
2. https://www.psychologytoday.com/ie/basics/dopamine.

Capítulo 3: Los insistentes, los que hacen pucheros, los bombarderos de culpa y los que tratan de tomar las decisiones

1. Edward Welch, *When People Are Big and God Is Small* (Phillipsburg, NJ: P&R Publishing, 1997), p. 181 [*Cuando la gente es grande y Dios es pequeño* (Ciudad Real: Editorial Peregrino, 2014)].
2. https://apologetics315.com/2013/02/charles-spurgeon-on-discernment/.

Capítulo 4: Bueno, para ser sincera contigo

1. https://www.usip.org/publications/2011/11/handling-conflict-peaceful-means.

Capítulo 5: De qué manera influye en nosotros la era digital

1. https://www.textrequest.com/blog/texting-statistics-answer-questions/.
2. https://blog.htc.ca/2013/05/27/response-time-expectations-in-the-internet-age-how-long-is-too-long/.

Capítulo 6: Cómo vivir en el «No»

1. Lysa TerKeurst, *The Best Yes: Making Wise Decisions in the Midst of Endless Demands* (Nashville: Thomas Nelson, 2014), p. 189 [*El mejor sí: Libérese del sentido de obligación de agradar a todos* (Miami, FL: Editorial Patmos, 2016)].
2. https://www.psychologytoday.com/us/blog/stretching-theory/201809/how-many-decisions-do-we-make-each-day.

Capítulo 7: No se trata de ti (aunque a veces debería)

1. https://www.christianitytoday.com/ct/2019/august-web-only/virtue-vice-why-niceness-weakens-our-witness.html.
2. https://www.medicaldaily.com/people-pleaser-brain-activity-mental-stress-376139.
3. Sharon Hodde Mille, *Nice: Why We Love to be Liked and How God Calls Us to More* (Grand Rapids: Baker Books, 2019), p. 17.
4. Henry Cloud, *Límites: Cuando decir «sí», cuando decir «no», tome el control de su vida* (Miami: Editorial Vida, 2006).
5. https://parade.com/1074817/allymeyerowitz/eleanor-roosevelt-quote/.

Capítulo 8: El malabarismo es real

1. Lysa TerKeurst, *El mejor sí: Libérese del sentido de obligación de agradar a todos* (Miami, FL: Editorial Patmos, 2016).

Capítulo 9: Todo se reduce a ti y Jesús

1. https://www.christianquotes.info/quotes-by-author/dwight-l-moody-quotes/.